Engaños y desengaños de un partido emergente: el caso de UPyD

Engaños y desengaños de un partido emergente: el caso de UPyD

Francisco Jerez

Primera edición: mayo 2016

© Derechos de edición reservados.

Editorial Guante Blanco

www.editorialguanteblanco.com
info@editorialguanteblanco.com

Colección© Política

Maquetación: © Guante Blanco

Fotografía de cubierta: © Archivo de UPyD

Diseño de portada: © José Luis Sanz de Heredia y Fernando Rodríguez García
Tipografía de portada: © Rafa Goicoechea

Producido por: Editorial Guante Blanco
ISBN: 978-84-16808-10-6
DEPÓSITO LEGAL: AL 881-2016

Todos los derechos están reservados. No está permitida la reproducción total o parcial de esta obra, ni su incorporación a un sistema informático, transmisión en cualquier forma o medio (electrónico, mecánico, fotocopia, grabación u otros) sin autorización previa y de manera escrita de los titulares del copyright. Editorial Guante Blanco no tiene por qué estar de acuerdo con opiniones o situaciones que refleje esta obra.
«Cualquier forma de reproducción, distribución, comunicación pública o transformación de esta obra sólo puede ser realizada con la autorización de sus titulares, salvo excepción prevista por la ley. Diríjase a CEDRO (Centro Español de Derechos Reprográficos) si necesita fotocopiar o escanear algún fragmento de esta obra (www.conlicencia.com; 91 702 19 70 / 93 272 04 47).»

IMPRESO EN ESPAÑA

Índice

Prólogo de David Ortega 11
Prólogo de Luis de Velasco 15
¿Por qué la política? 19
La búsqueda del aprendizaje, la búsqueda de Rosa 22
El origen de un nuevo partido 23
El encuentro 24
El liderazgo único: el partido de Rosa Díez 26
El caos perfecto: la primera campaña de UPyD 28
La creación del discurso como motor de ilusión 29
«Hacer de la necesidad virtud» 32
Un tren, una oportunidad 34
Selección natural 35
Una casa por reformar 36
«Sé tú mismo» 38
El cinismo para combatir la mentira 40
Epístolas al presidente 42
El cultivo de la verosimilitud 45
Pasear entre bambalinas 45
El éxito llama al éxito 46
Hablar bien de los «tuyos» 47
De cómo rodó la cabeza de Mikel Buesa 48
«No seas crío». El sistema de listas abiertas 50

El I Congreso de UPyD: momento para hablar 53
El poder de la información... 55
Ser o hacer noticia: el caso de Aminatou................................... 56
El orgullo de un pueblo.. 58
Dejarse querer 59
Del político camaleón 59
La escena pública: De la vida personal y no de la privada 61
«No ceder al chantaje»... 62
Artículo 71.2 (Ser intolerante con el intolerante) 64
La fuerza del positivismo... 67
De la teoría y la práctica de las «primarias»
y la perversión del lenguaje 69
Influenciar en la toma de decisiones. Hacer *lobby*.................... 71
El demonio es viejo; hazte viejo para poder entenderlo
(Max Weber, *El político y el científico*) 73
Creer es poder, la Alternativa en Vistalegre.............................. 75
Los sentimientos engañan en la política. Cómo los
abertzales entraron de nuevo en las instituciones 76
El 15-M, la calle y el espacio para la sociedad civil.
Oportunidades desaprovechadas... 77
Otra política es posible... 81
La profesionalización de las ideas, el mensaje y la toma
de decisiones 83
El odio de los presidentes, o la real oposición........................... 85
Realpolitik... 87
El motín de los despachos: la profesionalización del
gabinete 92
Un voto, un principado 94

El uso de querellas para hacer política y defender causas justa.. 96
¡*Espanya ens Roba*!... 98
El triple rechazo de los leones al independentismo 101
El arte de la negociación.. 104
II Congreso de UPyD: la calma antes de la tempestad 105
Mujer de Estado, la muerte de Adolfo Suárez 107
La lista de la fatalidad... 108
Los trapos sucios se limpian en casa................................... 111
La inevitable negociación 114
Operación Ciudadanos: la ocupación del centro................... 117
Independencia y la pérdida de «amigos» 120
El núcleo duro 122
Todos somos prescindibles, incluso Rosa............................ 124
Zona libre de corruptos (o que la inspiración nos coja trabajando) 125
La idea.. 129
El enchufismo y los procesos de selección 131
La fuerza del equipo: inteligencia colaborativa 132
El intento de profesionalización.. 133
El contacto directo: Un partido de futuro 135
Los sentimentales no son compatibles con la política 138
El cinismo obligatorio... 140
«El partido soy yo» 140
«No tengo nada que ofrecer sino sangre, esfuerzo, lágrimas y sudor» (Winston Churchill).............................. 141
«Hay que ser ortodoxo para defender la heterodoxia» 142
La inexistente gestión de crisis 145

La marca o la estrategia 146
El desangramiento de UPyD: la fuga, el acoso y derribo
a la dirección 148
La pérdida del talento... 152
La bunkerización de la política 153
Al filo del ego versus la humildad del liderazgo....................... 155
Entre dos aguas 156
El funeral de UPyD 159
Los restos de la decadencia.. 161
La meritocracia en la política... 163
El entierro público... 164
El adiós... 166
Lección sobre la lealtad 167
Las reformas pendientes de hacer 168
La reforma de la Constitución... 169
La reforma del Congreso de los Diputados............................. 171
Otras reformas prioritarias 171
Algunos logros conseguidos 174
El fracaso como fuente de aprendizaje 176
La importancia de la comunicación y el marketing político..... 183
El futuro de los partidos 185
Las tres claves del éxito 186
Ser el creador de tu propio destino 188
¡Larga vida a las ideas de UPyD!... 189

Prólogo

Reconozco que no ha sido fácil prologar este libro, no solo por la cercanía al autor, que también, si no especialmente por la materia que trata: el nacimiento, desarrollo y fin de UPyD, un partido al que he dado los mejores años de mi vida. Leer el libro de Fran Jerez es recordar algo querido y doloroso. Creo que pocas personas como el autor podían reflexionar con tanto acierto y criterio sobre lo sucedido en este partido atípico que ha sido —todavía es— Unión, Progreso y Democracia.

La posición de Fran Jerez, como asistente personal de Rosa Díez y persona de su confianza y cercanía, le proporciona una plataforma única y privilegiada para conocer de primera mano lo que ha sucedido en este partido, que, aunque a muchos les cueste reconocerlo, ha cambiado la vida política española, abriendo un nuevo camino frente al dominio del PP y el PSOE desde 1982 hasta el año 2008. Además de esa posición privilegiada, se unen su muy útil y pertinente formación politológica y su carácter moderado y analítico, que le aportan la necesaria templanza y objetividad para realizar reflexiones prácticas, inteligentes, más allá de odios, rencores y bajos sentimientos, que en nada ayudan al aprendizaje, estudio y análisis fructífero de la realidad.

Leer este libro es conocer en carne viva lo que ha sido UPyD, su nacimiento y desarrollo, sus esfuerzos y trabajos, sus éxitos, errores, límites y miserias. Fran Jerez hace un gran esfuerzo de autocontrol y de estudio, de reflexión y medida. Es un libro principalmente inteligente y sincero, que busca sacar lo mejor de una realidad amarga y de triste final, a pesar de los importantes logros conseguidos, que el paso de los años irá reconociendo.

El autor repasa los principales acontecimientos en estos ocho años de vida de UPyD, concluyendo casi todos ellos con un magnífico apartado titulado: «Qué aprendí o qué saqué en claro». La idea es ciertamente original y da al libro un pulso de sinceridad, moraleja y teoría política desde la realidad, verdaderamente brillante. Fran Jerez nos habla de su pasión inicial por la política, de su duro encuentro con las primeras traiciones y falsedades, de su convicción en el proyecto de UPyD, de su impactante y acertado Manifiesto fundacional, de su aprendizaje al lado de un personaje desbordante como Rosa Díez. Va narrando con agilidad y precisión el nacimiento y los primeros éxitos de UPyD, la creación de un gran grupo humano, lo acertado del proyecto político, el logro de marcar la pauta al PSOE de Zapatero y después al PP de Rajoy, el romper por primera vez el bipartidismo. A lo largo del libro, se van desgranando los errores cometidos, de cómo el proyecto toca techo en el II Congreso de noviembre de 2013 y empieza poco a poco su declive, tras las elecciones europeas de 2014, con la pésima gestión de la crisis generada por el caso Sosa Wagner y la posterior negociación de la posible unión con Ciudadanos.

En el libro se mezclan de manera acertada los acontecimientos y la reflexión sobre los mismos, el peso de los medios de comunicación y de la televisión, el poder de los sondeos, la bunkerización del partido, la radicalización en bandos de buenos y malos, la ausencia de puentes en un partido que se fue polarizando. Algunos apartados son verdaderamente esclarecedores para conocer cómo se puede perder el trabajo espectacular y generoso de cientos de personas durante ocho años. Es evidente que UPyD tenía poderosísimos enemigos externos y habíamos abierto muchas ventanas incómodas para personas y grupos verdaderamente poderosos, teníamos pues temibles enemigos, pero en lo que dependía de nosotros —de UPyD—, la gestión de esas amenazas externas —como describe Fran Jerez con acierto— estuvo llena de múltiples errores y equivocaciones. En la segunda mitad, el libro entra en unos análisis verdaderamente instructivos, cargados de sensatez, realismo y madurez política ante problemas de gestión interna de un partido político. Sus reflexiones sobre el ego, la humildad, la lealtad, la ética profesional, la falta de moderación y equilibrio, la necesaria voluntad de entendimiento para evitar la confrontación, la realidad y la percepción de la realidad como más determinante, la formación para ser competente y su ineficacia real, entre otras muchas cuestiones, son de auténtica antropología política.

Concluye el libro rescatando lo más válido del magnífico proyecto político que tenía UPyD, las reformas institucionales pendientes, los logros conseguidos en estos años y un extenso apartado de agradecimientos.

Como miembro de la Plataforma Pro (previa a UPyD), del Consejo Político que vio nacer a UPyD el 29 de septiembre de 2007, ponente de su I Congreso Político, miembro de su Consejo de Dirección desde noviembre de 2009 hasta mayo de 2015 y concejal-portavoz de UPyD en el Ayuntamiento de Madrid desde junio de 2011 a junio de 2015, quiero felicitar a Fran Jerez por haber escrito un libro inteligente, sincero, útil y reflexivo sobre un proyecto humano que a muchos cientos de personas nos hizo disfrutar y participar en algo tan apasionante como es la vida política del país en el que vives.

David Ortega
Catedrático de Derecho Constitucional

Prólogo

Más de una vez he pensado, a la vista de lo que ampulosamente se podría denominar como «Auge y caída de UPyD», que ese tema debería ser objeto de una investigación seria por parte de algún profesor de ciencia política o de un periodista de investigación. Creo que esa investigación, seria y rigurosa, no se va a hacer y seguramente no vale la pena. Porque, se preguntarán muchos, ¿eso a quién interesa? ¿Para qué indagar en las aventuras y desventuras de un partido pequeño que pudo haber sido importante, lo fue durante unos años y luego ha desaparecido de la escena política? Pues precisamente por eso, por la influencia real de ese pequeño partido que, con sus planteamientos y hechos, determinó gran parte de la agenda política del país. La mayoría de los temas, hoy objeto de debate político, los puso encima de la mesa UPyD no solo con «dichos», sino también con «hechos».

El libro que el lector tiene en sus manos creo que no pretende esa investigación, sino, en mi opinión, algo más modesto, pero muy valioso, por estar escrito por una persona que protagonizó y presenció momentos importantes precisamente por su cercanía al verdadero poder del partido. Fran Jerez nos ofrece eso que se puede llamar la intrahistoria de una organización y lo hace con notables dosis de objetividad (la objetividad total es algo imposible de alcanzar) y narrándola sin rencores ni deseos revanchistas.

Pero ese no es todo el contenido del libro. Ni mucho menos. Analiza también hitos importantes en el devenir de UPyD, sobre todo a partir de lo que él, acertadamente, sitúa como el punto de inflexión que da paso a la etapa de su decadencia. Concretamente, a partir de las elecciones europeas, tras las cuales crecen, por factores muy variados, el peso de Podemos y Ciudadanos mientras UPyD es situada y percibida como un partido «viejo», camino del ostracismo y la nada. Resalto frases en algunos casos textuales de esta parte del libro desde «perdimos la batalla mediática» hasta la superioridad de las percepciones sobre los hechos, el abandono de muchos amigos o el no saber hacerlos en círculos importantes, que, se quiera reconocer o no, guste o no, son los amos del terreno en el que hay que jugar. Lo hemos experimentado.

Las penúltimas páginas se dedican al recuento de lo ocurrido tras la debacle en las elecciones andaluzas, anticipo de la todavía mayor de las generales del 20D. Frente a los que sitúan el origen de esa debacle en lo que ocurre esas mismas semanas, los datos y los hechos muestran que la cuesta abajo se inicia tras las elecciones europeas, y que ahí están ya las semillas de las derrotas posteriores. No es fácil construir ese relato final porque hay muchos actores y muchos intereses en presencia. Por eso, nadie tiene toda la información de lo ocurrido y por eso nadie se puede atribuir una única y oficial versión. El autor es, otra vez y acierta, mucho más modesto y cuenta la parte que él conoce mejor.

La última parte del libro es un resumen de la labor de UPyD, concretamente en el Congreso, pues allí es donde el autor trabajó. La lista de propuestas y logros es importante y conjuntamente con el trabajo en parlamentos regionales, en ayuntamientos y en la calle, muestra ese gran trabajo de un pequeño partido en número pero grande en influencia.

Una última reflexión: en el triste final jugaron factores internos ejemplificados en muchos errores propios de la dirección, principal responsable así como factores externos, destacadamente la hostilidad de muchos medios de comunicación. Son dos factores que se interinfluencian y lo que no es posible, al menos para mí, es decidir cuál fue el de mayor peso. Quede ese análisis para otra ocasión, si es que la hay.

Luis de Velasco

Engaños y desengaños de un partido emergente: el caso de UPyD

¿Por qué la política?

Me apasiona la política al mismo tiempo que la aborrezco. He tenido una adolescencia y juventud marcada por una atracción fatal hacia la política y rechazo al funcionamiento de este sistema. Hasta que con poco más de veinte años decidí que no podía quedarme criticando o, mejor dicho, despotricando lo que hacen y lo que tendrían que hacer los políticos como solución a nuestros problemas. Me di cuenta de que había que estar dentro para que esa crítica al sistema fuera coherente. Nada mejor que hacerlo uno mismo para saber de primera mano hasta qué punto se podía aportar para mejorar el panorama político. Entonces me involucré en la política, con la intención de realizarme, de llevar a cabo mi propia revolución.

En mi caso sentía la llamada desde que tengo uso de razón, sentía que estás preparado y predestinado para hacer algo importante, tal y como lo describe Ignatieff. Por supuesto, hay una parte de ambición sana. A veces puede ser confundible con el desarrollo del ego, pero la ambición es necesaria para involucrarte y luchar por aquello en lo que crees e intentar aspirar a algo grande.

El punto de inflexión fue a mitad de carrera, cuando decidí que tenía que formarme para ser competente; para ello me vendrían muy bien los idiomas y la experiencia internacional. En una clase de Jorge Verstrynge, recuerdo cómo preguntaba cuántos sabíamos idiomas y dejaba en evidencia nuestro destino hacia un trabajo basura.

Al estudiar la política y el sistema democrático, mi convicción era y sigue siendo que la evolución de la democracia reside en que la ciudadanía tiene que tener un mayor control sobre los políticos y crear mecanismos de participación que puedan limitar el poder de los mismos partidos políticos. Estas medidas se pueden centrar en algunas propuestas tangibles: desde listas abiertas a preguntas directas de los ciudadanos al Gobierno, debates promovidos por la sociedad que se realizaran en el Congreso y un largo etc.

Pero para que el sistema evolucione en democracia tiene que ser irremediablemente mediante los partidos políticos, que son quienes canalizan la iniciativa política y tienen la capacidad para realizar las listas electorales.

Un partido nuevo además ofrece un sinfín de oportunidades: la posibilidad de aportar desde el principio, de crear, la necesidad imperiosa de la búsqueda del talento para prosperar. También ofrece grandes debilidades como la volatilidad, la incertidumbre y el riesgo.

En mi caso, con voluntad de participar de forma activa, me acerqué a este proyecto llamado Unión Progreso y Democracia, una historia como hay miles de otras, la de cada afiliado o simpatizante, muchas parecidas entre sí. A esto, por supuesto, había que sumarle un manifiesto fundacional idealista con el que me sentía identificado y que se convertiría al principio en el referente para todos aquellos que quisieran involucrarse. Un manifiesto[1] que superaba la hemiplejia moral[2] de la izquierda y la derecha como la definía Ortega y Gasset, analizaba los problemas políticos y atinaba en las posibles soluciones, predominando siempre el sentido común. Un manifiesto vanguardista para su tiempo.

Sin embargo, como en el resto de formaciones, al entrar en un partido político te sumerges en un mundo de supervivencia. Sabía que muchas de las cosas que pudiera ver no me iban a gustar, y así fue. Tenía en mente la célebre cita de Winston Churchill a un joven compañero de partido: «No se confunda, joven, los que tiene usted enfrente son los laboristas, que son sus adversarios. Los enemigos los tiene usted aquí detrás, en su propio partido», a lo que añadiría la excepción de cuando se hunde un proyecto porque todos pasan a ser enemigos.

Al entrar, me daría cuenta de que ayudar a evolucionar la sociedad es un objetivo general, pero no prioritario. Las ambiciones personales, muchas veces camufladas, pueden más, y llegado el momento se desatan; entonces, ratificas que para muchos el proyecto es sencillamente un instrumento al servicio de los intereses de cada uno.

---

[1] http://www.upyd.es/Manifiesto-fundacional
[2] ORTEGA y GASSET, José, *La Rebelión de las masas,* Espasa Calpe, 2005, p. 61.

Compruebas cómo la teoría dista un abismo de lo que ocurre diariamente. La politología estudia el poder y sus relaciones mientras que la política es la experiencia de la práctica. A pesar de existir aforismos para sobrevivir en este entorno sin reglas, aquello que aprendes en la universidad queda lejos de la realidad. No te enseñan la importancia y consecuencias de las relaciones humanas, las ambiciones que tenemos y la lucha por el poder. Por no decir el control de los sentimientos o del comportamiento para ser buen político, es decir, la ejemplaridad de conducta asumiendo uno mismo el discurso que se realiza hacia el exterior. Tampoco tuve la oportunidad de aprender hasta que salí de España algo tan vital para el éxito como la importancia de los equipos, su composición y sus dinámicas de funcionamiento. Quizás esos aprendizajes son aplicables a cualquier entorno empresarial, pues un partido político no deja de ser una organización dedicada a conseguir unos fines que, aunque no sean económicos, son electorales.

Esta es mi versión de la historia de un proyecto político emergente, referente de la regeneración democrática en España, y mi involucración, como joven que se acerca a la política de manera vocacional y pronto comienza a desengañarse a medida que se van dando hitos históricos dentro del proyecto. Es, además, una introspección de cómo se desarrolla la toma de decisiones internas, formando parte activa de la misma, y vista desde la sombra del liderazgo. Un aprendizaje del éxito y el fracaso del partido que luchó contra la corrupción y comenzó a hacer política de forma distinta. No pretendo la objetividad de los hechos, sencillamente narro lo que he vivido y cómo lo he percibido, sacando mis propias conclusiones. Sin intención de llevarme por la pasión, ni de señalar culpables, con la finalidad de que pueda servir a cualquier persona que sienta esa llamada de la política y quiera involucrarse en un partido emergente. Intento analizar los errores y los aciertos, así como los comportamientos básicos para sobrevivir en política con ejemplos reales.

La búsqueda del aprendizaje, la búsqueda de Rosa

Marcado por la experiencia del programa Erasmus, terminé en Bruselas, donde conocí a Rosa, aunque ella lógicamente no lo recuerde.

En numerosos debates de estudiante de Política, siempre había un buen amigo, Jorge González, que era firme defensor de Rosa Díez como personaje político de referencia. No fue hasta mi estancia en Bruselas, en 2005, cuando tuve el primer contacto con ella. Un día conseguí colarme en el Parlamento Europeo en busca de unas prácticas, cuando coincidimos solos los dos en el ascensor. Meses después, empezaría a trabajar para un eurodiputado italiano, Lapo Pistelli, que entre otras comisiones era titular de LIBE (Libertades Civiles, Justicia y Asuntos de Interior), de la que Rosa era miembro. Me sentaba detrás de ella, haciendo seguimiento de la comisión para el eurodiputado con el que trabajaba; fue entonces cuando me fijé en sus intervenciones y la fuerza del discurso.

Desde entonces la busqué. Sabía que quería aprender de ella, me atraía políticamente y me estimulaba intelectualmente. Pensaba que lo que no enseñan en las universidades, ni en los libros, lo puedes encontrar en las personas. Desde el primer momento me dediqué a observar e ir escribiendo los aprendizajes para que no se me fueran olvidando las lecciones.

Fruto de esa búsqueda, llamé a la puerta de su despacho en el Parlamento Europeo y mantuve alguna buena conversación con su entonces persona de confianza. Recuerdo al menos ese consejo de que no me metiera en ningún partido a no ser que estuviera convencido; cuando entré en UPyD, supe a lo que se refería.

Estuve poco más de un año afiliado al Partido Socialista. Cuando surgió UPyD, no fue fácil dejarlo explicando que tenía la posibilidad de aportar a un proyecto que defendía las ideas que compartía y en el que estaba todo por hacer. Me sorprendió que mientras la mitad de los compañeros se dedicaban a insultar a Rosa, tachándola de traidora, el resto me dijo que hacía lo correcto.

Sin darme cuenta, en poco tiempo, nuestras vidas se cruzarían intensamente.

Qué aprendí:

Sin motivación no hay proyecto que se sostenga. Hay que tener una causa por la que luchar para involucrarte en política, y tienes que creer firmemente en el proyecto para soportar los sacrificios de todo lo que conlleva.

El origen de un nuevo partido

El 29 de septiembre de 2007, fue el acto fundacional de Unión, Progreso y Democracia en la Casa de Campo de Madrid. Un proyecto respaldado por intelectuales como Fernando Savater, Mario Vargas Llosa o Albert Boadella.

A principios de noviembre, una noche tumbado en la cama veía la noticia en televisión de que Rosa Díez fundaba un nuevo partido mientras en las imágenes sostenía el carnet socialista al que yo me había unido apenas hacía un año. Me leí con curiosidad y expectación el revolucionario manifiesto fundacional del partido hasta tres veces y lo subrayé. Coincidía con más del ochenta por ciento de las ideas; tenía que movilizarme.

Meses después, quedé a cenar con Juan Luis Fabo y Carlos Martínez Gorriarán, fundadores del partido, en el restaurante chino de Donosti donde se había gestado el proyecto varios meses atrás con Fernando Savater. Charlar con ellos era como leer un libro abierto; me contaron cómo surgió todo. La consecuente reunión en el hotel Londres con unas cuarenta y cinco personas para sopesar la creación de un partido político. La creación de la Plataforma Pro en Internet para que se apuntara gente de toda España. El viaje que hicieron en coche por toda la península dando charlas sobre lo que serían las líneas maestras del partido: la lucha contra ETA, la regeneración democrática, la reforma de la ley electoral, la oposición al nacionalismo y la necesidad de reformar la Constitución. Y por supuesto, la necesidad de la cara visible de Rosa y cómo la convencieron para que saliera adelante el proyecto.

Al tiempo, todos reconocían a Carlos, Juan Luis y Rosa, incluso Fernando Savater desde el punto de vista intelectual, como los fundadores de UPyD. Con un origen claramente de la izquierda y una fuerte implicación en los movimientos cívicos, como era Basta Ya, de donde venían los cuatro. Otra persona que pude conocer en los primeros viajes fue Fernando Cózar, *alma mater* indiscutible, discreto a pesar de su tamaño. Fue el responsable de sacar adelante la Plataforma Pro, todo el soporte informático de UPyD, la imprenta en los orígenes, fotógrafo oficial o lo que hiciera falta. Era su actitud. Sencillamente, sin él no hubiera sido lo mismo.

De qué me di cuenta:

La llamada que sentía y mi ambición por aprender eran mayores que las reticencias para entrar en un partido, y en el caso de UPyD, cuando me quise dar cuenta, estaba involucrado al máximo. Trabajé la suerte para estar en el momento adecuado en el sitio oportuno. Arriesgué, con el tiempo más de lo que creía al principio, porque merecía la pena.

El encuentro

Sería octubre de 2008 cuando me acerqué con incertidumbre al Colegio Mayor Chaminade, a una convocatoria de voluntarios y simpatizantes. Éramos más de doscientas personas. Se palpaba ilusión, ganas de trabajar, desorden y descoordinación.

En la charla que nos dieron, todo encajaba. Se planteaba un partido con una afiliación participativa de abajo arriba. Síntoma de un proyecto abierto: se aceptaba la doble militancia. Necesitaban dar un papel relevante a todos los voluntarios.

Rellené una ficha. Dejé mis datos, como cientos de personas, para ver en qué área podíamos colaborar. Aunque todos quisiéramos plasmar nuestras ideas en un papel para participar en un programa electoral, en aquel momento la primera necesidad era crear una estructura de partido que fuera funcional.

A los pocos días, me llamaron para echar una mano. Estaba todo por hacer. Comencé a acercarme a diario; al salir del trabajo, le dedicaba entre dos y cuatro horas al proyecto. Me centré en la implantación territorial junto a Ramón Marcos. La labor consistía en formar asociaciones y coordinarlas. Fue una odisea, apenas había experiencia en la materia. Me dediqué a Madrid, había que nombrar lo que llamamos comités electorales, CELs, que no eran ni más ni menos que las asociaciones de distritos, como se denominan en otros partidos. Buscábamos personas que tuvieran tiempo para dedicarse al proyecto, pero que generasen confianza y actuaran de buena fe. En el poco tiempo que le dediqué a esta área, tuvimos que cambiar más de una vez de coordinadores.

Cuando me quise dar cuenta, estaba absorbido por la dinámica frenética diaria, afiliado y convencido de la necesidad de que saliera adelante el proyecto.

  Me percaté de que:

  El proyecto se convirtió desde los orígenes en un reto continuo que solo se podía superar con ilusión. Te enganchaba e invitaba a volcarte, involucrándote y absorbiendo hasta llegar a perder la noción del tiempo.

  Las personas que se ponían a cargo de las agrupaciones o coordinadoras territoriales, como se llamaron originariamente a las ejecutivas de cada comunidad autónoma, se basaban principalmente en criterios de confianza del Consejo de Dirección. Estas selecciones tenían un alto riesgo de fracasar. No en pocas ocasiones la selección del coordinador se hacía abierta, con todos los compañeros de una agrupación presentes. Al ser un proyecto nuevo y tener poco tiempo para conocer a las personas, se erraba fácilmente en la elección. En ningún caso era un sistema democrático, sino funcional y jerarquizado, que sirviera para el crecimiento del partido y para evitar o prevenir problemas.

El liderazgo único: el partido de Rosa Díez

La sede era un apartamento de unos ciento veinte metros cuadrados, ubicado en la calle Orense 25, en la sexta planta. Desde que entré a colaborar, estaba masificado, y había un movimiento continuo en todas las direcciones; improvisábamos salas de reunión en el mismo vestíbulo de entrada. Enseguida, todos los rostros se te hacían familiares porque la causa invitaba a ello.

Entre toda la gente pasaba Rosa, que entraba y salía continuamente por la sede, como una más, pero sin serlo. Desde el primer día, era reconocida por todo el partido, empleados y afiliados como «la jefa». En palabras de Duvergier, se daba el fenómeno de una «disciplina libremente consentida». Nos encontrábamos ante una política profesional que vivía para y de la política. Con vocación y olfato para la política, vive para su obra, y la gente creía en ella. Me costaba al principio interiorizar y concederle ese estatus de jefa, sobre todo cuando no era empleado; prefería referirme a ella sencillamente como Rosa; con el paso del tiempo, sucumbí, como el resto de la gente. La fortaleza de su liderazgo se consagró rápidamente en los medios para reconocer a UPyD como el partido de Rosa Díez. Se intentó evitar. Por ejemplo, fui testigo de cómo ella redirigía los asuntos políticos del País Vasco a Gorka Maneiro cuando adquirió el acta de diputado en el Parlamento Vasco en marzo de 2009, pero no fue suficiente. La sombra de Rosa era muy larga.

Tenía grandes virtudes para el liderazgo, creía que era una persona especial para aprender. Con el paso del tiempo desgranaría también los defectos que, como todos, tenía.

Su liderazgo se basaba en conjugar las palabras, los hechos y los principios. En el uso de la coherencia como arma crediticia. Transmitía sinceridad a pesar de ser un entorno en el que parece que no se puede decir toda la verdad. Al ser la única mujer candidata a la Presidencia del Gobierno, por su personalidad, radiaba fortaleza. Mantenía una conexión entre el discurso y la imagen, ambos provocativos. Se mostraba cercana en el trato. Mostraba tres cualidades básicas que argumenta Weber[3], como la pasión, sentido de la responsabilidad y mesura, que son la fuerza de la personalidad. En general, excepto para los detractores o sectarios, generaba confianza por su claridad de ideas y su facilidad para comunicar.

Estos atributos hicieron que el proyecto se empezara a construir en torno a su figura mediática; además, dentro de un proyecto emergente, que tenía todo por hacer, y que le sirvió para posicionarla casi un lustro como la líder mejor valorada a nivel nacional, desde enero de 2010 hasta octubre de 2014, según datos del CIS y tantas otras encuestas.

Qué aprendí:

El líder perfecto no existe. Sin embargo, había otras cualidades fundamentales que iría descubriendo con la experiencia. Luis Arroyo[4] habla de tres principales, distintas a Weber: fortaleza, confianza y cercanía; de partida añadiría también la visión. Visión para adelantarse a los hechos, para marcar un camino y guiar a la gente.

La importancia de la figura con un liderazgo fuerte y sólido en torno a una persona se convirtió en un factor fundamental para que el proyecto pudiera emerger. El liderazgo era un factor positivo y una táctica idónea para su nacimiento, pero ligar la marca a una sola persona se convirtió en una amenaza para la propia supervivencia de la formación. Con el tiempo, se necesitaban más cabezas visibles para que trascendieran las siglas más allá de Rosa.

Analicé con el tiempo que Rosa era la personalización del poder en un nuevo proyecto. Además, era la autoridad del partido que luego se hizo también institucional. Una autoridad consentida por todos los que se iban incorporando o estaban desde el principio.

---

3 WEBER Max, *El político y el científico,* Alianza Editorial, octava reimpresión, 2007, Madrid, p. 154.

4 http://www.luisarroyo.com/

El caos perfecto: la primera campaña de UPyD

Todos éramos voluntarios. Fueron tiempos de muchos viajes de activismo por la precampaña, principalmente desde Madrid, donde el partido crecía a una velocidad vertiginosa. En coche, furgoneta o autobús atravesando toda la península, aportando cada uno de su propio bolsillo, sin esperar nada a cambio. Se compartían casas, hoteles con gente que apenas conocías. Era sencillo porque todos creían en ello. A pesar de las tareas que todos teníamos, estaba lejos de percibirse como un trabajo, más bien como una parte de compromiso y ocio.

Yo me encargaba de llevar la campaña de Madrid cuando me llamaron desde nacional para incorporarme al equipo y trabajar con Rosa. La situación imponía, sentía respeto y admiración por Rosa; ahora me encomendaban como coordinador adjunto a la campaña nacional. Una experiencia política única que no podía desaprovechar.

Durante esas semanas, se respiraba energía e ilusión contaminante, en un proyecto que estaba todo por hacer cualquier mano es bien recibida. Solo Rosa tenía una experiencia consagrada; el resto íbamos dando pequeños pasos. Hicimos una especie de *War Room* improvisado de tan solo cinco personas, incluida la candidata, donde nos dedicábamos a planificar a diario la campaña nacional, centrando esfuerzos en Madrid. De ahí salió uno de los mejores carteles de propaganda que tuvimos, el DNI de Rosa Díez con el lema de campaña: *Lo que nos une,* y cuyo subtítulo era: *Tu voto útil*. Después, me encargué de hacer un equipo que ejecutara esas decisiones que íbamos tomando.

Entre las múltiples tareas había un cronograma de actos por rellenar en la pared, envíos del poco material a todos los rincones de España, llamadas de teléfono constantes, gestionar las agendas de candidatos, reuniones con afiliados, con asociaciones, atención de todo tipo de ciudadanos, de todas las edades e ideologías, visitantes curiosos, algunos de extrema derecha desubicados o un joven de catorce años que quería conocer a Rosa y estaba esperando a cumplir dieciocho para afiliarse... Gente anónima, gente que quería cambiar este país. Repartos callejeros, comandos nocturnos para colgar pancartas y mucho Internet. Ojeras, estrés por intentar conseguir la meta de entrar en el Congreso. Sonaba la puerta, una nueva cara diciendo: «¿Cómo puedo ayudar?».

Qué aprendí:

El éxito del proyecto tenía como base la fuerza del voluntario convencido, la identidad en una causa común y la ilusión por alcanzar el objetivo. La ilusión se convertía en una energía positiva, derribaba trabas y superaba miedos.

Había que dar seguridad desde el principio y que el elector no percibiera que el voto se perdía. De ahí que recuperásemos el lema del voto útil por la calidad frente a la ley electoral que nos penalizaba para conseguir un escaño por la ley d'Hont.

Destacaba la falta de profesionalización en general, no había una visión empresarial de proyecto. Las dificultades se resolvían con ingenio y con un alto riesgo de no solucionar los problemas.

El partido se convertiría en un centro social abierto que llenaba en distinto grado a las personas.

La creación del discurso como motor de ilusión

Comenzaron los mítines por toda España. Se visitaban incluso lugares en los que sabíamos que no obtendríamos buen resultado, pero, al mismo tiempo, estábamos creando un partido. Esas visitas servían para coordinar territorios y difundir el mensaje. Además, siempre que salíamos de Madrid, con la figura de Rosa, solíamos tener un buen impacto a nivel local.

Desde el primer día, se empezó a trabajar la conexión con el ciudadano, un discurso original con el que se identificara el votante, que sobrepasara la narrativa del bipartidismo. Nacimos creando un relato de la regeneración democrática y popularizamos el término hasta que perdimos la patente, con ello su esencia y la empresa. Un término que se había utilizado a lo largo de la democracia, pero que se había vaciado de contenido y dejado en el olvido. Lo recuperamos y, en los primeros meses de existencia, lo llevábamos en los títulos de nuestras conferencias.

Al principio se construyó un relato idealista sobre el país que queríamos. Estábamos creando lo que técnicamente se llama el *storytelling*, basado en las críticas de cómo lo hacían nuestros adversarios, el bipartidismo, y mostrando lo virtuosas que podían ser las nuestras.

Comenzamos a introducir ideas como posibles soluciones a los problemas de los españoles con el objetivo de que penetrara por repetición en la sociedad. Detrás había una carga intelectual aportada por algunas personas que iban por delante de los tiempos en los que estábamos. Destacó la figura de Carlos Martínez Gorriarán, no solo porque si no fuera por él y Juan Luis Fabo nunca hubiera existido UPyD, sino porque tenía una visión de España y un diagnóstico de los problemas de la sociedad atinado cuando surgió el partido en el 2007. Esa visión formó un tándem demoledor con el componente que aportaba Rosa desde la praxis política. Además, existía un entorno auspiciado por Fernando Savater y otros intelectuales que se sumaron desde el principio como Vargas Llosa, Álvaro Pombo, además de numerosos catedráticos y profesores.

El discurso era persuasivo, llano, para que calase en la sociedad y con una visión a medio o largo plazo. El primero que debe creerse el discurso es uno mismo para poder defenderlo y exponerlo ante la opinión pública. «Uno tiene que reinventarse para el consumo público y, si no se toma en serio a sí mismo, ¿quién lo va a hacer?[5]». Y en este aspecto, Rosa era extraordinaria.

Nuestro proyecto era claramente progresista, y lo innovador fue desarrollar un relato de una tercera España en la que se abrazaba a los símbolos constitucionalistas como la bandera de España, no por sentimientos, sino porque eran baluarte de la defensa de los derechos y libertades de todos los ciudadanos españoles.

La forma en la que conectaba Rosa, de la que intentaban aprender la gran mayoría de los candidatos que iban saliendo, se basaba en un análisis certero, con visión pedagógica de futuro y una dosis inmensa de pasión. Ella generaba confianza, con lenguaje sencillo, uso continuo de metáforas, historias o hitos fáciles de recordar, con fundamentos morales y apelando al lado emocional del votante.

---

[5] IGNATIEFF Michael, *Fuego y Cenizas. Éxito y fracaso en política,* editorial Taurus, 2014, cap. 2., pos. 405.

Asimismo, había que adaptar el discurso al entorno, mimetizarse con el público. Nos acercábamos a la realidad del votante hasta envolverlo y guiarlo. Recuerdo que en marzo de 2008, la última semana de campaña, dio una charla en el aula magna de la Facultad de Derecho de la Complutense no sin polémica. El rector en aquel entonces, Carlos Berzosa, intentó boicotear el acto, pero finalmente se celebró. La sala estaba abarrotada de alumnos, muchos de pie, en los pasillos, y otros, sin entrar. Rosa llevaba el discurso al mercado laboral, regeneración democrática, tasas universitarias, oportunidades de futuro. Utilizaba siempre ejemplos fáciles de entender con los que se sienten identificado los oyentes. Era la forma de conectar y generar la energía que hace enganchar y deleitar a los posibles votantes. El resultado al acabar la conferencia fue una ovación plausible de pie durante un par de minutos.

El discurso principalmente tenía que emocionar e ilusionar en una época de decadencia política. La gente salía con las pilas cargadas creyendo que otro país era posible y divulgando nuestro mensaje por todos los rincones.

Una peculiaridad del discurso en UPyD se basaba en el sentido común, la coherencia y en otro aspecto que marcó una forma distinta de hacer política, como le escuché a Rosa en una entrevista: «Hay que «llamar las cosas por su nombre, que no quede margen a una doble interpretación». No usábamos eufemismos porque lo considerábamos una deferencia hacia el votante aunque no saliese rentable.

Con el discurso tan novedoso se trabajaba la reiteración de los posicionamientos con el objetivo de que calase en la sociedad. Por ejemplo, las palabras de Savater en la presentación de candidatos a las primeras nacionales se repitieron una y otra vez hasta que se convirtieron en una realidad: «Hemos venido para quedarnos».

Qué aprendí:

El discurso tiene que persuadir, reflejar una personalidad basada en la naturalidad, con técnicas que se van aprendiendo, destacando su humildad y hablando desde el corazón. El político además tiene que demostrar inteligencia emocional.

Las soluciones se tienen que plantear en positivo, para atraer y no ofender al electorado de aquel partido al que criticas.

«Argumentar produce pocos beneficios; etiquetar es más resolutivo que explicar». Se impone la emoción sobre la racionalidad. Los argumentos en contra de los sentimientos es una derrota segura.

Al analizar, te das cuenta de que la oposición es un mundo de críticas y buenas propuestas difíciles de saber si son viables, no me refiero por voluntad, sino por capacidad para implementarlas, conociendo todos los factores que te pueden condicionar. Además, hay que añadir que la mayoría de los políticos son, al final, presos de sus palabras y las arrastran históricamente.

Me di cuenta por los actos y luego pudimos corroborar mediante el CIS que nuestro discurso caló en un tipo de votante ilustrado, con un perfil sociocultural medio-alto, que tenía las primeras necesidades cubiertas. Al cabo del poco tiempo, nos percatamos de que teníamos dificultades para expandir nuestro mensaje a otros segmentos de la sociedad.

«Hacer de la necesidad virtud»

Una de las primeras frases que oí a Rosa y se me quedó grabada en la memoria era de Descartes, basada en el estoicismo: «Hay que hacer de la necesidad virtud». Me costó, al menos una reflexión, entender su aplicación en nuestra situación política. Hasta comprobar como nuestras múltiples necesidades las convertíamos en motor de trabajo y espíritu para crear oportunidades de éxito.

Cuando nació UPyD, recibíamos un apoyo muy limitado, casi inexistente. Éramos unos pocos ilusos, sin apoyos mediáticos, los bancos sin garantías de éxito no nos daban créditos… Llegar a los ciudadanos para que nos tuvieran en cuenta a la hora de votar como una alternativa real al bipartidismo era francamente difícil. Solo nos quedaba usar el ingenio e ilusión para comunicar de manera diferente. Entonces, quitando a Rosa, nadie tenía experiencia, pero el instinto nos llevó a trabajar el mensaje revolucionario que teníamos en dos escenarios muy distintos: la calle e Internet. Sabemos que esa combinación es la que nos abrió las puertas del Congreso de los Diputados, y la esperanza de que el proyecto saliera adelante.

Nos movimos por todos los foros y debates posibles, sufrimos el boicot de quien intenta construir sin pedir permiso a la autoridad, salimos a la calle para darle la palabra al ciudadano, para que preguntara directamente a nuestros candidatos, rompiendo la forma convencional de hacer política. Esta idea la bautizamos como «el debate callejero»; era la forma de acercar la política a la calle, con el mensaje de que son los ciudadanos quienes mandan antes y después de las elecciones, pues continuamos haciendo este tipo de actos como seña de identidad propia del partido. Como todas las ideas se lanzan, van cogiendo forma, se trabajan en equipo, rodeándote de los mejores, estando en el momento adecuado y en sitio oportuno para poder canalizarlas; entonces se consigue la fórmula para que pueda tener éxito. En este caso, mi reconocimiento público a Fernando Rodríguez, un amigo que me habló mientras estábamos en un concierto de *jazz* en la sala Clamores de hacer una especie de *speakers corner* cuando yo era coordinador adjunto de la primera campaña de UPyD. Aunque ahora no me extraña, cuando ya se ha convertido en un referente de la creatividad a nivel nacional.

Recuerdo proponer en el *War Room* que fuéramos a mi universidad, Ciencias Políticas y Sociología de la Complutense —Rosa además conoce al decano, Patxi Aldecoa—, para dar una charla sobre «Regeneración democrática» el 20 de febrero de 2008. Los días de antes, el ambiente se fue caldeando en algunos foros de Internet. Nos avisaron de que podría haber problemas. El acto empezaría con decenas de jóvenes antifascistas bloqueando la entrada al salón de actos. Al final, se pudo llevar a cabo la conferencia en la que Rosa explicaría el origen del partido y los objetivos; en verdad, fue un éxito mediático sin esperarlo por el intento de boicot fallido.

La necesidad se convirtió de nuevo en virtud solo ocho días después. La candidata junto a Fernando Savater, Álvaro Pombo y Mikel Buesa se subían a un cajón en la plaza de Isabel II de Madrid para responder todas las preguntas de la gente. Aquello no dejó indiferente a nadie, transmitió aire fresco y cercanía. A partir de entonces, se creó un símbolo de UPyD que unía el proyecto a la calle, lo explotamos en nuestra primera campaña. Acuñamos el término de «hacer la calle» con este tipo de acto y otros que tenían como objetivo entrar en contacto directo con la gente. Construimos una fortaleza propia donde no existía, que ayudaría a que el partido se consagrara con nuestro primer escaño en el Congreso de los Diputados.

Qué aprendí:

Con los medios de que disponíamos, con nuestra capacidad, el ingenio y el equipo, convertimos nuestras debilidades en oportunidades, le sacamos la máxima rentabilidad hasta convertirlo en una virtud, algo de lo que nos sentíamos orgullosos. En definitiva, hicimos de la necesidad virtud.

Un tren, una oportunidad

Al final, el 9 de marzo de 2008, conseguimos un logro histórico. 306.079 votos fueron necesarios para conseguir el escaño más caro de todo el Congreso, cinco veces más que el de otras formaciones. Rosa entraba en el Congreso; yo me iba a descansar por primera y última vez tras una campaña. Una vez ya con mi familia de Canarias, tuve una bajada de potasio, como consecuencia de las elecciones, y me tuvo que venir a recoger una ambulancia a casa de mi hermano. Estaba sufriendo el síndrome de las primeras elecciones, con la bajada de tensión consecuencia de haber sufrido la máxima exigencia durante semanas; aquellos que lo han experimentado en vena saben a lo que me refiero.

A la vuelta del asueto, un día que andaba desorientado, Rosa me invitó a entrar en su despacho para ofrecerme ser su asistente técnico parlamentario. Supe que no fui el primero al que se lo ofreció. Para entonces, recuerdo que le contesté agradeciéndole la propuesta y reconociendo el honor que suponía que ella pensara en mí, pero que mi intención prioritaria era sacarme el doctorado para poder dedicarme al profesorado. Me dijo una mentira agradable que fue muy fácil de creer: que mis estudios eran compatibles con esta nueva actividad, que solo serían unas cuatro horas al día. Ingenuo y feliz por la propuesta me lo creí y acepté encantado. Al poco, me di cuenta del matiz, serían cuatro horas más al día, pero de una jornada a tiempo completo.

Comenté mi interés por continuar con las funciones del partido que estaba haciendo en Madrid, en contacto directo con las bases, a lo que ella no quiso entrar porque de forma natural, por la sobrecarga diaria, sabía que abandonaría esas responsabilidades.

Aquella propuesta de trabajo era una oportunidad para cualquier politólogo que quisiera profundizar en la política. Sería un aprendizaje de una profesión, pero también sobre las ideas en sí, cómo se construyen, se razonan, se debaten, se llevan al campo correspondiente y se ejecutan tanto en el Parlamento, la calle o en los medios de comunicación.

Qué aprendí:

Las oportunidades hay que trabajarlas, al igual que la suerte, para que estén a tu favor. Hay que demostrar con esfuerzo tus capacidades y estar en el sitio oportuno en el momento preciso.

Selección natural

No todo lo que relucía era oro en los orígenes. Una vez conseguida la meta común de sacar el escaño, recuerdo como un afiliado realmente activo, José Luis Cuena, que ha terminado siendo un buen amigo, estaba superado por la situación que se respiraba. Quedé con él a tomar una cerveza en un centro comercial para profundizar en sus razones y conocí que se había quedado sorprendido con las reacciones de la gente en cuanto pasaron las elecciones. No tenía ambiciones personales y era un verso libre que chocó con un entorno que rápidamente imitaría en una estructura jerarquizada del resto de partidos, en el que se intentaba imponer un control.

Veía en él como esa energía positiva se había transformado con el paso del tiempo, cuando no cumples tus expectativas y hace que abandones el proyecto. Cuando los intereses particulares se imponen a los generales.

Ahora recordamos siempre la frase que le dije: «Entramos en política creyendo, como todos, que queríamos cambiar las cosas; ahora ya estamos en política y así es cómo funciona la política».

A los pocos días, se despedía por *email*. No fue el único, y aunque se mantuvo afiliado nunca más fue activo. Hubo otros grandes compañeros que también empezaron a tirar la toalla muy pronto; de hecho, nunca pararían los abandonos.

Qué aprendí:

Las personas se mueven por intereses y, en política, además por ambiciones. Quien no las tenga no debe dedicarse a esta profesión y así evitará decepciones.

Existe una selección natural de perfiles que se quieren dedicar a la res pública. La política está hecha para personas supervivientes, capaces de soportar las miserias de las personas, las ambiciones continuas que pasan por encima del interés general. Es verdad que se dice de la política que es el arte de hacer posible lo imposible, pero tan cierto es también que saca lo peor de la gente.

Una casa por reformar

Cuando aterricé en el Congreso de los Diputados, solo había un despacho provisional que teníamos que compartir Rosa, Mayka —la jefa de prensa— y yo.

Con un solo diputado, nuestro destino era el Grupo Mixto, una escuela única para sobrevivir en el Congreso porque siempre son los últimos a tener en cuenta para cualquier toma de decisiones. Recuerdo con añoranza cómo martilleaba a Ana, la veterana secretaria del grupo, para entender el funcionamiento de la Cámara. Todos nos preguntaban lo mismo, cómo era el ambiente. A pesar de las diferencias abismales que existían entre las distintas formaciones, todas nacionalistas, el compañerismo a todos los niveles fue extraordinario.

Poco a poco iríamos haciéndonos con la casa y poniendo la maquinaria en marcha. El 17 de abril de 2008, presenté nuestra primera propuesta, la reforma de la ley electoral, momento interno histórico, irrelevante para el resto de la gente, pero importante para UPyD.

Con el paso de los días, sufrí el impacto que tiene cualquier persona cuando llega al hemiciclo, cuando sube a la tribuna de invitados durante una sesión y descubre que aquello, lejos de un debate, se convierte normalmente en una pantomima. Nadie escuchaba a nadie, las decisiones estaban tomadas de antemano con los intereses de por medio, no importaban los argumentos, la bancada solía estar vacía del todo, exceptuando cuando venían a votar sus señorías, previo aviso con hilo musical por megafonía en todos los edificios y condicionados por las sanciones que los partidos imponen con su disciplina de voto. Tardé varias sesiones en digerir como un diputado de referencia, en cada uno de los grupos mayoritarios, levantaba la mano e indicaba, como en una táctica de baloncesto, qué tenía que votar su grupo en cada punto del orden del día. Tampoco entendía como la inmensidad de los diputados, quienes nos representan, fuesen desconocidos y que nadie se alarmase del sistema de elección existente.

Al ir profundizando en la actividad, se percibía que el sistema basado en la Asamblea francesa había quedado desfasado. El sistema permite tratar todo tipo de asuntos en el Pleno hasta el punto de que se discutía acerca de temas estrictamente regionales. Las preguntas orales se registran una semana antes y el Gobierno se dedicaba en numerosas ocasiones a leer gran parte de las respuestas en el mismo Pleno. Un registro, por cierto, por escrito y no telemático. Por no decir los horarios, que son contrarios a la conciliación. Empezando los Plenos los martes por la tarde, dejando dos horas para comer al mediodía, y sin actividad generalmente los lunes y viernes. No es fresco ni dinámico, diría que en grandes ocasiones se convierte en una institución inútil: como en los Presupuestos Generales del Estado, repitiendo el mismo debate y las mismas votaciones en comisión y en Pleno durante horas.

Se había intentado reformar en varias ocasiones, quizás la más sonora cuando estuvo Marín de presidente del Congreso, pero nunca hubo voluntad política para evolucionar; seguramente porque se estaba acomodado a ese sistema. Sin embargo, este funcionamiento, lejos de mejorar nuestra democracia, distanciaba a los representantes de los ciudadanos. En unos años de gran rechazo a los políticos, la transparencia y la participación serían parte de la solución y en el Congreso había un trabajo importante por hacer.

Conclusiones que saqué de la observación:

Si algo no funciona, revísalo y cámbialo. Durante la X legislatura, con más recursos, dirigí al equipo para analizar otros reglamentos parlamentarios y sacar una propuesta de mejora del actual. Cuando se trató este asunto, siempre teníamos un trabajo riguroso escrito que hubiera sido muy útil si hubiera habido voluntad política, que es la base para que se lleven a cabo los cambios, pero ya se encargó el gobierno del Partido Popular de frustrarla.

«Sé tú mismo»

Recuerdo que además de las funciones de campaña, en su día me propusieron para que fuera a actos como representante del partido. Pensé que debían de andar muy desesperados para terminar depositando tanta confianza en mí; entonces éramos muy pocos y con tiempo disponible reducido.

Un día de campaña, tuve que asistir a una mesa redonda de jóvenes para debatir con los tres principales partidos de entonces. Fue en el Colegio Mayor Padre Póveda en Madrid, con un aforo aproximado de doscientas personas.

En aquellos días, solía comer a diario con Rosa; teniendo en cuenta lo que me rondaba en la cabeza, se me ocurrió preguntarle algún consejo de cara al debate. Simple y llanamente, con ese acento vasco ya familiar, me contestó: «Sé tú mismo».

«Vale», pensé yo. No pensaba ser otra persona ni aparentarlo siquiera. Aquello se difuminó con el tiempo; empecé a trabajar de técnico parlamentario de UPyD en el Congreso de los Diputados, pero la frase permaneció en mi retina hasta que un día la jefa de prensa, previa aprobación de Rosa, me propuso enviarme a un programa de televisión nacional como joven representante del partido.

Estaba con Rosa y Mayka en el despacho del Congreso, comentando el día a día político. Primero mi compañera de prensa soltó la bomba, me dijo que un programa de televisión importante tenía interés en hacer un debate semanal con gente joven, que habían contactado con UPyD para que propusiéramos a alguien, que ella pensaba que yo era el más adecuado y, por último, que comenzaría en dos días. Tenía una sensación de nerviosismo similar a cuando te subes al escenario para hacer teatro y está a punto de comenzar la obra.

Rosa me comentó que debía hacer «pedagogía democrática», un término usado en su discurso político, pero poco práctico para lo que necesitaba para este reto. Entonces le volví a preguntar:

—¿Algún consejo?

—Sé tú mismo —repitió en el mismo tono que la primera vez.

—Eso ya me lo has dicho, Rosa.

Se percató de que mi contestación conllevaba seriedad y preocupación. Deambulaba reflexiva mirando al suelo del despacho hasta que contestó:

—Tres titulares. Prepárate tres titulares, a lo sumo cuatro, que recojan las ideas que quieres comunicar. Mételos en el discurso cuando puedas, sin forzar, pero dirigiendo tú el discurso. Además, recréate en ellos para reforzar su importancia. Si lo haces bien, es lo que va a recoger la prensa: lo único —sentenció la jefa de prensa.

Qué aprendí:

El titular es más importante que el contenido que se quiera transmitir; sin un buen titular, no hay información. Hay que trabajarlos, tienen que ser de actualidad, impactantes, poderosos, para atraer la atención de los medios en un espacio que es limitado.

En ese momento, no entendí las dimensiones del significado «sé tú mismo», pero con los futuros acontecimientos me di cuenta de que ser fiel a uno mismo es lo único que te permite conseguir esa paz interior con cada una de las decisiones que tomas cuando las situaciones son controvertidas y extremas.

Por último, era consciente de la suerte de tener alguien de quien aprender, porque nosotros no teníamos capacidad para formar futuros candidatos o cargos públicos y, cuando pudimos, lo hicimos mediante jornadas puntuales. Un servicio que debería ser constante dentro de cualquier formación y en una emergente, de carácter obligatorio.

El cinismo para combatir la mentira

Los primeros meses se convirtieron en una etapa de aprendizaje dura pero fructífera, echando horas de despacho, escudriñando el Congreso de los Diputados para materializar la política de Unión Progreso y Democracia. Asumiendo continuas tareas y responsabilidades, pero siempre con la misma sensación de afrontar un nuevo reto. Nunca nos faltó tensión, estrés con picos de ansiedad, sobrecarga de trabajo, horas interminables siguiendo soporíferas comisiones parlamentarias ya pasteleadas, infinidad de reuniones internas, con la sociedad civil o canalizando problemas de ciudadanos particulares.

Al principio, para sacar el trabajo se creó la reunión del grupo parlamentario, que se convertiría con el paso del tiempo en la ejecutiva política, al trabajar cada lunes los posicionamientos parlamentarios del partido. Este grupo estaba constituido originalmente por siete personas: cuatro de la dirección además de Rosa, una de prensa y yo, la del Congreso.

Pusimos en marcha un sistema de trabajo basado en la figura del voluntario. Creamos los primeros grupos de trabajo, GTs, formados principalmente por afiliados o simpatizantes que nos daban apoyo técnico en cada una de las áreas parlamentarias.

Al principio, también los afiliados hacían sus propuestas directamente enviándoselas a cualquiera de los siete miembros de la reunión del grupo parlamentario para que las evaluáramos y se presentaran en nombre del partido.

Así fue como recibí la primera puñalada realista del entorno en el que me había metido. Recibí una llamada por teléfono de un miembro del Consejo de Dirección para decirme que tenía unas preguntas parlamentarias para tramitarlas en la reunión de grupo del lunes. Tenía buena relación con él, me dio indicaciones de que no hablara con los tres autores porque estaban dando problemas.

Esa misma semana tuve una cena en casa de un amigo con gente del partido, coincidí con una de las personas que habían elaborado las preguntas y de forma amable me echó en cara que hacía semanas le habían hecho llegar el borrador a la persona del Consejo de Dirección y tenían entendido que yo las tenía retenidas durante todo ese tiempo sin presentarlas, sin recibir explicación alguna. Sería fruto de la bisoñez, pero con aquella acusación me hervía la sangre. Llamé a los otros dos autores y comprobé que aquel miembro del Consejo de Dirección me estaba mintiendo para cubrirse las espaldas de sus errores.

Busqué quedar a solas con esta persona para aclarar lo sucedido; después de un acto en el Círculo de Bellas Artes pudimos hablar, pero me encontré con la negación, con la confrontación desagradable, casi amenazante, para después de tres cuartos de hora reconocerme que había mentido echándome las culpas.

Iba perdiendo la inocencia. Aquel encontronazo trascendió tanto que un día Carlos Martínez tuvo que intervenir; nos tomamos un café en el Galdós para aclarar la situación y que no repercutiera en nuestro trabajo. Me comprometí a llevarlo de la mejor manera posible, profesionalmente hablando. Al final, todas las iniciativas las canalizaba yo, como responsable del Congreso, y para evitar tener malos entendidos. Aprendí a trabajar con cinismo con esa persona, a controlar sentimientos, a tener una correcta y eficaz relación profesional. No le comenté nada durante casi seis años a Rosa; quizás fue un error o seguro que ya lo sabía, hasta que un día dio pie a ello.

Qué aprendí:

Me encontré con un tipo de persona que se da en la política y desgraciadamente tiene recorrido: aquel que es fuerte con el débil y débil con el fuerte. Personas para las que el fin justifica los medios, y, por lo tanto, peligrosos en todos los sentidos.

Mentir en política es relativamente común. Me sirvió como referente para infinidad de casos que, de una u otra forma, se podían repetir, a trabajar con gente que se escondía en la mentira. Como decía Teresa de Calcuta: «¿La persona más peligrosa? La mentirosa».

Nada más cierto, y no sería la única en este entorno. Parece que la verdad no es buena consejera en política. Fue un duro revés para darme cuenta de que no éramos mejores que nadie. Era cierto que éramos la novedad, que nuestras reglas internas marcaban un camino fresco, pero no podíamos dar lecciones éticas mientras la mentira se instauraba en nuestro núcleo duro.

Pensé que en una estructura tan grande, si hubiera caído en otro entorno, habría sido ya expulsado del proyecto. El paraguas de Rosa Díez era grande como los enemigos que me iba creando.

Para abordar esta decepción, me aseguré al menos de aportar mi grano de arena trabajando mi campo de influencia: el gabinete del Congreso, para desarrollar la confianza basada en la franqueza y la asunción de errores como algo natural, y a mi parecer, fórmula esencial para hacer equipo.

Epístolas al presidente

A medida que comenzamos a conocer la casa, quisimos llevar a cabo la regeneración que estábamos abanderando. Con el día a día surgían nuevos problemas y la necesidad de resolverlos. Entonces, Rosa puso en marcha una dinámica que se convirtió en táctica y costumbre de nuestro grupo: las cartas privadas al presidente del Congreso.

En una reunión del grupo parlamentario, salió el asunto de las pensiones de los diputados. A partir de ahí, se estudió la situación y se presentaron varias cartas al presidente. Se le exponía que era un privilegio y que, aprovechando la coyuntura económica que atravesábamos, lo mejor era por parte de los representantes públicos renunciar a ella.

La insistencia continuada de escribir a Bono[6] y explicárselo dio su fruto al cabo de varias cartas y alguna que otra reunión con el presidente del Senado, el Sr. Rojo.

Aquellas cartas sirvieron de germen, pero hasta que no lo mencionó Rajoy[7], jefe en la oposición, y se puso en un orden del día la iniciativa no adquirió la condición de suprimible. Sucedía a me-

---

6 «UPyD urge a eliminar los privilegios de la pensiones de los diputados», *libertaddigital.com*, 30 de abril de 2010, en http://www.libertaddigital.com/nacional/upyd-urge-a-eliminar-los-privilegios-de-la-pensiones-de-los-diputados-1276391552/.

7 «Rajoy pedirá la renuncia de las pensiones y los privilegios de los parlamentarios», *Elmundo.es*, 22 de enero de 2011, en http://www.elmundo.es/elmundo/2011/01/22/espana/1295700041.html.

nudo: nuestras ideas eran buenas, pero no nos llevábamos el éxito merecido por plantearlas o el reconocimiento cuando se ejecutaban.

Me habían comentado personas de confianza dentro del Congreso, funcionarios con más peso que muchos de los diputados, que las obras para la reforma y sustitución de las cubiertas del Palacio del Congreso de los Diputados se habían convertido en una chapuza y un pozo sin fondo, ampliando con creces el presupuesto establecido, sin que saliera a la luz dicha información. Poco después, una gran gotera[8] inundaría el hemiciclo, lo que detuvo la actividad y dañó el mobiliario. Además, nuestra fuente nos confirmaba que se había dañado el palacio por dentro debido a las mismas obras y había quedado afectado el patrimonio histórico, como un mosaico del siglo XIX que se había resquebrajado. Hablé con Rosa, y escribió al presidente para solicitar información de la situación a los técnicos de patrimonio, las condiciones del concurso público y el presupuesto presentado por la empresa adjudicataria. Insistimos más de una vez, pero nunca conseguimos oficialmente la información y menos que se hiciera pública.

También pusimos de manifiesto la negligencia en las obras cuando se borraba la historia tapando o tirando rejillas de ventilación con agujeros de bala del golpe de Estado del 23-F. La reacción ante tal chapuza fue inminente y decidieron rescatar una rejilla de los escombros para que el presidente inaugurara una vitrina dentro de los pasillos del palacio de cara a la galería.

Volvimos a escribir a la Mesa y al presidente al estudiar el reglamento. Nos dimos cuenta de que el Congreso no cumplía sus funciones y no elaboraba un informe para presentar ante el Pleno el cumplimiento del presupuesto de la misma casa (nombre con el que se conoce a la institución entre los trabajadores y diputados). Desde 1982, no se había aplicado el artículo 31.1.2.º y desde entonces, a partir de 2012, se envió un documento a los grupos parlamentarios. Aunque lejos de ser minucioso, menos transparente de lo deseado, conseguimos que se empezara a debatir en el Pleno.

---

8 «Las obras del Congreso de los Diputados sellan tiros del 23-F», *Elpais.com*, 11 de septiembre de 2013, en http://politica.elpais.com/politica/2013/09/11/actualidad/1378885137_383824.html.

Perseveramos en todo aquello que estuviera relacionado con la transparencia como sello de distinción de nuestra formación. Propusimos la publicación de las nóminas de los diputados; en primer lugar, lo promovimos dentro del Congreso. Ante la negativa, basada en un informe que se elaboró en tres meses por parte de la presidencia, que defendía que no existía obligación legal y que había que regularlo previamente, no nos resignamos y enlazamos esa información de manera individualizada a una página web de UPyD. Este tema tuvo su eco en los medios. Mientras nos hablaban de legalidad, algo de lo que discrepamos naturalmente por escrito, nosotros contestábamos con transparencia y calidad de nuestra democracia. A pesar de las evasivas de la presidencia, comenzamos a publicar, además de las nóminas, las reuniones que teníamos dentro y fuera del Congreso, así como la agenda de cada uno de nuestros diputados, por ser una cuestión de sentido común y decencia. Un político, como servidor público, debe tener un comportamiento ejemplar y demostrarlo.

Además, aprovechamos el método para una ristra de temas diarios: hacer política en defensa de las víctimas del terrorismo, para luchar contra la humillación que significaba tener a siete diputados de Amaiur en el hemiciclo, reconducir negligencias en los órdenes del día o poner de relieve las continuas impertinencias de la vicepresidenta, que parecía que no le hacían gracia ni al mismo presidente.

Todo esto es un claro indicativo de que se podía hacer oposición, siendo minoría y teniendo mayor influencia que grupos parlamentarios con decenas de diputados o para algunos asuntos «intocables» del bipartidismo, convirtiéndose en la principal voz de la oposición.

> No importa si eres una minoría absoluta; lo importante es la causa, la pasión y la perseverancia que pones en conseguir las metas de tu imaginación. Cuando creas que tienes razón y argumentos, te podrán insultar con todo tipo de adjetivos, pero al final no hay nada más reconfortante que luchar por lo que uno cree.

> Fue una lección de cómo hacer control parlamentario atípico y necesario al mismo Congreso de los Diputados, basado en la constancia y el empeño que dan sus frutos, normalmente a medio o largo plazo. Además, se aprovecharon los recursos, explotamos la creatividad para rentabilizar al máximo el trabajo diario.

El cultivo de la verosimilitud

Estábamos en una comida de trabajo, en la época todavía de la sede en la calle Orense, preparábamos la comparecencia en comisión de la ministra de Defensa entre la jefa de prensa, el responsable del grupo de trabajo de Defensa del partido P. G., Rosa y yo, como técnico parlamentario. Entre ideas y argumentos que debíamos dar, P. G. explicaba a Rosa, ella preguntaba y asimilaba. Discurrimos que la estrategia pasaba por poner en evidencia la postura que defendía el Gobierno. Nos enzarzamos en si era el momento idóneo para poner de manifiesto los errores e incongruencias del gobierno socialista en materia militar.

Recuerdo como Rosa, me miró fijamente para decirme:

—Las verdades hay que trabajarlas, hay que cultivar la verosimilitud. Uno se tiene que hacer acreedor de ciertas verdades, trabajándolas y defendiéndolas constantemente. Entonces, cuando a ti se te reconozca como defensor de una causa, con estima y respeto, estás preparado para dar el golpe —mientras acompañaba con gestos—. Así puedes hacer una crítica fundada y reconocida porque te has ganado el crédito como defensor de la causa que ahora pones en duda. De lo contrario, corres el riesgo de que puedas ser percibido como un exagerado o exaltado. En cambio, si primero has cultivado la verosimilitud, puedes hacer daño con tus argumentos al Gobierno o con quien estés debatiendo porque tú te has convertido en parte de la verdad.

Pasear entre bambalinas

Una rutina laboral era despachar con Rosa. Preparaba concienzudamente ese momento para que no se me quedara ningún cabo sin atar. Solía bajar al hemiciclo mientras había Pleno, y ella salía de la soporífera sesión que normalmente aguantaba estoicamente. Una vez nos encontrábamos en el pasillo, nos dirigíamos al Salón de los Pasos Perdidos, una sala que emana historia, separada del tránsito e idónea para tratar nuestros asuntos políticos.

Cuando terminábamos, convertimos en hábito deambular por el pasillo del hemiciclo con la finalidad de estirar las piernas, teniendo en cuenta que entre bambalinas se encuentra la noticia. Justo antes de la entrada al plenario, están aglutinados los periodistas en busca de noticias frescas. Rosa se dejaba ver en un ambiente distendido conmigo, mientras los periodistas, individual o colectivamente, se acercaban a ella para preguntar todo tipo de posicionamientos o noticias de actualidad. En distintas charlas, entre paseo y paseo, de un lado a otro, se cocían titulares entremezclados con charlas cotidianas.

En esa media hora transcurrida, me percataba de lo importante que es pasear por ese pasillo y lo contrastábamos en la prensa, cuando recogían las palabras o propuestas de Rosa; en definitiva: «Si la montaña no va a Mahoma, Mahoma va a la montaña».

La relación con la prensa era peculiar y, en muchas ocasiones, frágil. Los políticos y los periodistas se necesitan mutuamente aunque viven en una desconfianza continua.

El éxito llama al éxito

A medida que iba creciendo y estabilizándose el proyecto, se acercaba gente desconocida al éxito que estábamos teniendo, en busca de intereses de todo tipo. Hubo mucha gente interesante que se afiliaba como una persona más, diferentes perfiles: ingenieros, catedráticos, empresarios o profesores. Sin embargo, nos encontramos con gente que entendía la política de una manera distinta a nosotros. Un mercadeo puro y duro. Quizás fuera por la permisibilidad del régimen y el caldo de corrupción que se cocía en España en general.

Rosa tuvo una reunión con dos personas a las que, directamente, si los involucrábamos en el partido, con toda su estructura, nos aseguraban entre un millón y millón y medio de votantes. En mi caso, vino al Congreso un alcalde del Partido Andalucista, que quería pasarse a nuestro proyecto, sin dejar el acta de concejal y arrastrando a todos los afiliados de su pueblo. Tanto a uno como a otros les explicamos que en este proyecto no cabía esa forma de crecimiento, que todo el mundo se afiliaba por las bases y de uno en uno, para evitar justamente el caciquismo. Comencé a redirigir a este tipo de gente al partido. Fueron muchos los que vinieron y se fueron por el mismo camino a encontrar el pastel deseado.

Era una época en la que todo tipo de gente se acercaba al proyecto, por curiosidad, por ambiciones y por oportunidad. Estábamos de luna de miel, se percibía como un proyecto en alza. El éxito llamaba al éxito; sin embargo, teníamos unos filtros exigentes para que no entrara cualquier persona.

Hablar bien de los «tuyos»

A medida que ganaba experiencia, valoraba como clave sustancial para el éxito ser experto en el arte de las relaciones humanas. En el caso de Rosa, siempre contagiaba ánimo, ilusión y se cuidaba bien de fomentar el espíritu de las personas de su entorno. Se entregaba a ellos confiando ciegamente en personas que luego la defraudaron. A sus allegados los defendía a capa y espada, no en sus errores evidentes, pero sí cuando se cuestionaba su puesto o responsabilidad. Esta confianza, a veces bien justificada y otras no tanto, se ganaba con el tiempo y se cuidaba con delicadeza.

El ejemplo claro de cómo hablaba Rosa de los que consideraba «los suyos» ocurrió un día en la cafetería del Congreso tomando un zumo y descansando cinco minutos de la farragosa sesión plenaria. Tras un encuentro que ella había tenido con una de esas personas que se acercaban, un prestigioso economista nacional, que andaba de guiños con el partido, comentamos la siguiente jugada:

Rosa me resumió que el ilustre economista hablaba de Mikel Buesa como un soporífero personaje público que soltaba peroratas sobre sus conocimientos económicos mientras sentaba cátedra cada dos por tres en la vida política. Al hilo, recuerdo que ya habíamos comentado un par de veces las carencias de Mikel como político, mientras que Rosa lo defendía destacando todas sus virtudes. Al final, después de varios ejemplos sobre las reacciones de Mikel, me reconoció que quizás fuera «amor ciego» para con los suyos.

> Entendí y compartí parcialmente el criterio, pues un líder tiene que saber cultivar bien el entorno aunque no pueda controlar las legítimas voluntades del ser humano. Aunque debes cuidar bien el entorno, lo prioritario es buscar siempre a quienes son mejores para cada puesto y eso a veces termina siendo incompatible.

De cómo rodó la cabeza de Mikel Buesa

Mikel Buesa presentó su dimisión a principios de julio de 2009 con un *email* a Rosa. El que había sido número 2 por la lista de Madrid al Congreso de los Diputados, una de las pocas personas a las que Rosa pidió personalmente involucrarse en el proyecto, salió despotricando, con todo tipo de epítetos sobre el partido, y enzarzado en una lucha interna pidiendo la cabeza de Ramón Marcos, número 3 de la misma lista.

Era nuestra primera gran crisis. En mi caso, como activista de base y al estar trabajando con Rosa, me cogió en el epicentro del huracán, hasta tal punto que Mikel y otros cincuenta críticos confiaron en que fuera la persona para hacer llegar una documentación a Rosa firmada ante notario con las irregularidades que había cometido el número tres por Madrid.

Al responsabilizarme de la campaña, me cercioré de un descontento generalizado en Madrid. El hecho de trabajar directamente con Rosa me convertía en una persona que podía influir, canalizando y filtrando todo tipo de información que los afiliados me hacían llegar con un sinfín de cuestiones relacionadas con asuntos turbios del partido que llegaron a convertirse en monotemáticos.

En general, la gente buscaba una solución en Rosa. Había una falta de liderazgo en Madrid, una división interna de la coordinadora, órgano máximo ejecutivo, que terminó generando dos bandos para empezar a actuar de forma sectaria. A mi juicio, el origen del conflicto estuvo en la creación de los cargos dentro de la coordinadora, con una bicefalia de Ramón Marcos como coordinador y Mikel Buesa como portavoz. Además, la situación se agravó con la puesta en marcha de la «Permanente», que venía a ser un reducido y seleccionado grupo de la coordinadora que asumía las principales funciones de la ejecutiva, basándose en la eficacia y relegando al resto del órgano para convocatorias temporales. Era una lucha de poder, con la creación de un órgano no oficial que intentaba superar todo tipo de inconveniencias de una coordinadora que era inoperativa.

El choque de trenes estaba servido, y el personalismo del problema, también. Mikel, con un carácter peculiar, era incompatible con varias personas de la dirección, y aquello fue el detonante definitivo. Sin Mikel de por medio, una serie de reivindicaciones del modelo de partido que se estaba construyendo se quedaron en el vacío. Había un bando vencedor y uno vencido que, paulatinamente, se fue reposicionando dentro del partido; abandonado, aludió a todo tipo de prácticas autoritarias, etc. El abandono de Mikel se convirtió en morbo para la prensa, y sus constantes declaraciones públicas eran noticia asegurada.

Recuerdo las ganas que tenía de contarle a Rosa mi visión; decidí ponerlo por escrito, pero, el día en que estaba dispuesto a darle mi visión de los hechos, me dijo que me mantuviera al margen. No era otra cosa que argumentar que faltaba un liderazgo fuerte e integrador en Madrid, pero fui cómplice de mi silencio.

Me apartaba de lo orgánico para dedicarme a lo institucional.

A la semana siguiente, comentamos uno de esos ataques en prensa de Mikel al que Rosa sentenció:

«Nosotros a nuestro trabajo y a hacerlo bien».

Qué aprendí:

Las bicefalias no son funcionales en los órganos directivos. Parece una obviedad, pero siempre tiene que haber un responsable final que asuma todas las consecuencias y tenga la última palabra. El caso contrario solo lleva a disfunciones, como en algunas otras ocasiones importantes nos sucedió.

Lo que estaba en juego era una lucha de poder que polarizaba el entorno. La «Permanente» era una especie de buró inventado para sustituir al órgano oficial. Detrás de gran parte de las discrepancias políticas, se remarcaban las discrepancias personales, llegando a mezclar sentimientos e ideas.

Tras una batalla interna, es inusual encontrar integración; lo normal es que haya vencedores y vencidos con sus pertinentes consecuencias.

La creación de un órgano para resolver las deficiencias de otro no hace más que agravar los problemas ya existentes, generando desintegración y desconfianza. Si además no está regulado, es sinónimo de conflicto interno. Sobre esto último se introdujo en los estatutos del II Congreso de UPyD la figura de la «Permanente», pero por los resultados finales de UPyD no sirvió para crear equipo.

Mientras estás en política, no existen las amistades desinteresadas y, cuando abandonas, te conviertes fugazmente en pasado.

«No seas crío». El sistema de listas abiertas

El fin de semana del 20 de noviembre de 2009, se celebró el I Congreso Nacional de UPyD, con una gran expectación y cargado de trabas, como una demanda judicial, pero antes acontecieron otros hitos relevantes. Un mes antes, hubo una reestructuración en el equipo de Rosa; se cambiaría a su segunda secretaria, y yo pasaría a ser jefe de gabinete para coordinar el equipo.

Para el Congreso teníamos que elegir a quinientos delegados en todo el territorio nacional. Pronto comenzaría el baile para estar en todo tipo de listas, promocionándose unos y otros. Para mí supuso el descubrimiento del poder del aparato. Desde la dirección se pondría en marcha la maquinaria para ganar el Congreso. Recuerdo una sesión preparatoria del Congreso con voluntarios y trabajadores en el que Carlos Martínez Gorriarán dejó claro: «Los congresos están para ganarlos» e invitaba a quitarse pájaros de la cabeza a todo el mundo; quien no estuviera de acuerdo no pasaba nada si se iba. Alguna persona después de esa reunión no apareció.

Esos días se vivieron con gran ajetreo, nerviosismo, promoción y nombramientos para listas como delegado. El aparato realizó sus propias listas, las promovió; los teléfonos echaban humo asegurando cada voto para sacar adelante a los delegados deseados.

Al haberme mantenido crítico en momentos determinados, casi me quedo fuera como delegado. Se me asoció con una serie de personas en una lista de Internet y pronto pasé a ser una amenaza de la coordinadora territorial de Madrid, en la comunidad en la que yo me presentaba como candidato a delegado. Sin darme cuenta, estaba fuera del aparato madrileño, mejor dicho, frente al aparato, recibiendo una campaña hostil, acusado de querer destruirlo.

Esto no fue tan inocente como parece; me había permitido el lujo de criticar aquellas acciones con las que no estaba de acuerdo. Incluso había tenido una charla con Carlos por todo lo que estaba sucediendo, en la que estaba claro que discrepaba con la forma de proceder de algunas personas. Entre la tensión se mascaba desencanto, los CELs (agrupaciones locales) estaban prácticamente inactivos, y las directrices que se mandaban desde la coordinadora eran cada vez más férreas e intransigentes con el fin de defenderse. Lo peor de las crisis y las confrontaciones es que había gente que merecía la pena que tiraba la toalla.

La tensión llegó a su cenit cuando recibí un *email* de N. M., coordinador entonces de los jóvenes de Madrid, que aparentaba ser crítico y proponía una lista de candidatos a delegados que parecía la oficial, pero variaba unos pocos nombres para beneficiar una mayor presencia de jóvenes. En el *email* tachaba a gente de friki o poco fiable.

No solo estaba en su lista, lo que me extrañó en un principio porque era percibido como semicrítico y él como oficialista, sino que quería quedar conmigo para pedirme consejo sobre a quién debía votar. Recibí previamente una llamada de alerta sobre las intenciones que tenía el chico con el fin exclusivamente de sacarme información, saber a quién respaldaba y lo que yo pensaba: para pasar luego informe de la conversación al aparato. Nos vimos, le hablé con sinceridad y enseguida le comenté que me habían alertado sobre sus intenciones y estaba preocupado por su actitud. Hizo un amago en defensa propia, se dio cuenta de que era inútil, reconoció el cometido, habló de que se iba a poner a llorar y agradeció los consejos que le di. Sin embargo, iluso de mí, me percaté de la jugada un día después, cuando corrió de despacho en despacho de miembros del Consejo de Dirección —seguramente, los que le habían enviado a sacarme información— comentando el momento tan malo que le había hecho pasar.

Todo era una tapadera al servicio del aparato. No me extrañó el sectarismo ni la mediocridad, sino que nadie del Consejo de Dirección que estuviera al tanto me hubiera preguntado para contrastar mi versión de los hechos, teniéndome que enterar de los tejemanejes de lo que estaba pasando por terceras personas. Estaba claro que algunos estaban detrás de la maniobra.

Entre tanta tensión recurrí a Rosa. Desahogándome, le conté lo acontecido en el *email*. Lo primero que me dijo era: «No seas crío». Esto es política y son pocas las cosas que realmente importan. Me dijo que madurara y que si tenía que denunciar algo, que lo hiciera. Cuando le comenté que el *email* era de una persona de la coordinadora, me contestó que no confundiera un árbol con el bosque. Lo cual era totalmente cierto, aunque tras las elecciones de delegados me di cuenta de que era el bosque lo que estaba contaminado.

Salí delegado de milagro, pero salí. Si no recuerdo mal, el setenta y seis de ochenta que eran elegidos en Madrid. Sufrí una campaña de enemistad y hubo gente que me percibió como el promotor de una alternativa a la coordinadora en la sombra, y por lo tanto al aparato de Madrid. Es verdad que hubiera deseado que el trabajo se hiciera de forma distinta, pero de ahí a abanderar una alternativa había un mundo.

> Fue otro desengaño serio. Aprendí que ser transparente y confiar en las personas inadecuadas te puede hundir en política. La máxima de confiar hasta que te den una razón para no hacerlo puede hacer grandes estragos. Además, me percaté de una constante imposición en política de los dos extremos, buenos y malos, que se convertirían al poco tiempo también en amigos y enemigos.
>
> Lo que se aplica es realismo político, como recoge la teoría de Carl Schmitt en *El concepto de lo político*. Se busca una distinción entre «buenos y malos». Los «malos o enemigos» son aquellos que constituyen una amenaza para el modo de existencia propio, y la acción a seguir es rechazarlo o combatirlo.
>
> En este caso, estás con el aparato o estás contra el aparato. Esta división, aun siendo en un momento dado parte del aparato, no la compartí y me costaría grandes disgustos.
>
> Las conclusiones fueron claras y el aprendizaje a marchas forzadas. Esto es política, los principios no son por lo tanto bien recibidos. El sectarismo es duro, pero es una realidad para sobrevivir. Hay

un juego de poder continuo que está en tensión; hay personas que tienen aspiraciones o, sencillamente, quieren hacer daño al partido y chocan directamente con el aparato, que utiliza sus propios mecanismos de autodefensa. Esos mecanismos dejan muchas veces a la democracia lamiendo los pies del autoritarismo.

Esto sería solo el principio, pues había una infinidad de cosas por analizar. Se debería tener la lección aprendida para el siguiente acontecimiento, el Congreso nacional de UPyD con la elección del Consejo de Dirección.

El I Congreso de UPyD: momento para hablar

La tensión alcanzó su máximo grado de nuevo cuando abordamos el primer Congreso con las candidaturas proclamadas. En esos días hablé con distintos afiliados; incluso me reuní con algunos con los que tenía relación. La sorpresa estalló cuando uno de ellos, Valia Merino, vino con la exclusiva de que se presentaba como cabeza de lista alternativa a Rosa para el Consejo de Dirección. Con pena le dije que era un error, que sería cabeza de turco y que yo estaba con la actual dirección. Ante tal panorama y la conversación que tuve con Carlos, decidí mantenerme al margen; me recluí en la comisión de enmiendas.

Pronto empezaría una campaña de desprestigio por parte del equipo de Valia, al que se había integrado todo tipo de gente con intereses distintos, algunos incluso para volatilizar el proyecto, pero con el mismo afán de conseguir derrocar la actual dirección. Ante las acusaciones, algunas graves, y otras acertadas, Rosa se mantuvo en silencio hasta el momento oportuno.

Denegué a Valia una reunión con Rosa. La demanda judicial que habían presentado los expedientados para evitar que se celebrara el Congreso fracasó; el auto no solo les quitaba la razón, sino que además tuvieron que abonar las costas.

Antes de empezar el cruce de fuego, abandonarían más personas.

El 1 de noviembre de 2009, llegó el tan esperado Congreso y comenzó de manera sobresaliente. El viernes intervinieron una serie de invitados intelectuales de primera plana nacional. Por la tarde-noche, hacia las 19:00, abandonaron el plenario todos aquellos que no eran delegados para dar comienzo al informe de gestión que defendía Rosa en nombre de la dirección. Empezó fuerte el discurso, enfocado hacia nuestro progreso de los dos primeros años, animando a los afiliados a seguir con ganas e ilusión para cambiar la realidad de sociedad española. *A posteriori,* se entrecruzaron una serie de intervenciones a favor y en contra del informe. En general, el nivel fue alto; Valia criticó gran parte de las actuaciones del aparato, principalmente enfocado a Madrid.

Sería el último respiro grato del fin de semana; salió Rosa en su turno de contrarréplica. Sencillamente demoledora, puso todos los puntos sobre las íes. Espetó que las graves acusaciones sin pruebas se sentencian en los juzgados, que los trapos sucios se lavan en casa y que las críticas se hacen sobre los contenidos y las formas y no sustentadas en la adjetivación de las personas. Un discurso político que dejó al adversario sin saber dónde meterse y como cadáver político antes de serlo.

Desde el punto de vista tecnológico, innovamos: dimos la posibilidad a todos los afiliados para que pudieran presentar enmiendas a las ponencias políticas y estatutarias a través de una herramienta por intranet. Aquello hizo que hubiera decenas de personas trabajando hasta la madrugada los días previos. Por no hablar de la cantidad de personas voluntarias que hicieron lo posible para que todo saliera bien.

A nivel externo, el Congreso de UPyD terminó siendo un rotundo éxito: la dirección, y Rosa al frente, salió reforzada para los siguientes años. Sin embargo, hubo vencidos; no había margen para la clemencia y en los próximos días algunos «críticos» abandonarían el partido. El aparato reflejó su poder con casi todos los nombres de las listas que había propuesto para los distintos órganos. Incluso yo salí, sin que nadie me preguntara, y seguramente por eso salí elegido el 147 de 150 miembros para el Consejo Político.

De nuevo, lo que quedaría era más trabajo por hacer e infinidad de retos por afrontar. Ya entonces se evidenciaba que UPyD era un reto constante.

Lo que me llevé:

La política es una lucha continua de supervivencia. Los vencidos se quedan en el camino, y pocos son repescados para el proyecto.

Con la experiencia, tal y como están establecidos los partidos políticos, te das cuenta de que el aparato es necesario para que funcione una estructura jerarquizada. En palabras de Duverger: «No existe un partido político que no tenga un centro de poder y de control. Hay que encuadrar masas y solo la disciplina lo permite».

Desde estas fechas, se criticó el sistema de listas abiertas, ya que las listas de recomendación de voto desde el «aparato» conseguían copar los órganos del partido porque era francamente difícil conocer a todos los delegados por los afiliados de base. Sin embargo, no aprendí un sistema mejor para listas abiertas; prohibirlas, como sugería la gente, no me parecía que mejorase el sistema.

El poder de la información

No había tiempo para el descanso, la actividad continuaba. Rosa podía llamarte en cualquier momento a partir de las ocho de la mañana. Fuera la hora que fuera, a partir de esa hora, ya se había estudiado la prensa escrita y oído la radio. En la IX legislatura, teníamos la rutina de tomarnos un café en la cafetería de la ampliación IV del Congreso y comentar la actualidad; para entonces solía sacarme un café de ventaja.

Había que informarse a primera hora de todo lo que estaba sucediendo: vestirte con el telediario, escuchar las noticias por la radio en dirección al trabajo, leer la prensa escrita y por supuesto el dosier de prensa, pero eso sería más adelante, con mayores recursos.

Me di cuenta de la importancia de tener conocimiento de la actualidad a primera hora, y no en realidad por el contenido que aporta, sino por la ventaja que dicha información da para anticiparse y predecir cuál será el mensaje y el enfoque político que le quieres dar, para introducirte en el debate y fijar posición, centrando el tema según tus intereses. En definitiva, para crear opinión pública, porque «la democracia es gobierno de opinión»[9].

---

9 SARTORI, Giovanni, *La democracia en 30 lecciones,* Taurus, Madrid, 2009, p. 33.

Ser o hacer noticia: el caso de Aminatou

El viernes 13 de noviembre de 2009, Aminatou Haidar, la activista en defensa de los derechos humanos del pueblo saharaui, aterrizó en el aeropuerto Hassan I de El Aaiún (Sáhara Occidental) y fue detenida ilegalmente durante veinticuatro horas por las fuerzas policiales marroquíes y expulsada el sábado 14 hacia Lanzarote, sin posibilidad de entrar a su país y volver con su familia porque escribió que era saharaui en los formularios de inmigración de regreso a casa. Comenzó entonces una huelga de hambre en protesta por la injusticia marroquí, y con ella, un conflicto internacional entre España y su país vecino.

En cuanto sucedió, Rosa intentó acercarse a visitarla. No obstante, con la actividad política parlamentaria y la del partido, no pudo al principio. Me ordenó mandar a nuestro responsable en Canarias para estar junto a ella, para que el partido estuviera respaldando su causa.

A medida que pasaron las horas, el conflicto hispano-marroquí se tensaba hasta tal punto que adquirió una relevancia internacional que sobrepasó al Gobierno español. Varios parlamentos como el portugués, europeo incluso el español se pronunciaron con declaraciones en defensa de los derechos humanos y presionando al gobierno marroquí, que tenía pocos apoyos internacionales como su principal aliado histórico francés, para que cediera.

Las críticas al Gobierno y la oposición en España eran notorias por no estar a la altura para encontrar una solución a esta crisis que cada día se agravaba más con la huelga de hambre de la activista. Rosa decidió visitar en persona el 10 de diciembre a Aminatou y aprovechó para presionar al Gobierno de España, acusándolo de complicidad por la expulsión del Reino de Marruecos de Aminatou. Centró el foco en que «la única manera de solucionar el problema y salvar la vida de Aminatou y la dignidad de los saharauis es presionar a Marruecos para que ceda», y que dejara de repartir culpas responsabilizando a la activista.

Pero no solo presencialmente le demostró el apoyo e hizo declaraciones, sino que conectó con ella a nivel personal, y se ofreció en un gesto a llevar una carta escrita por ella a sus hijos en El Aaiún. La política son gestos, y este era uno natural; a la madre se le iluminaron los ojos, le contestó que sería duro y que no la dejarían entrar, pero que estaría encantada.

Aquel acto rompería lo establecido diariamente de cómo hacer política. A pesar de luchar contra todos los inconvenientes posibles, Rosa voló a El Aaiún rodeada de periodistas y fue recibida en el aeropuerto, pero el gobierno marroquí la acechaba en todo momento, la policía la vigilaba y cada movimiento era observado con reticencia y seguramente con odio.

Llegó a casa del marido, que fue previamente amenazado por si recibía a Rosa, pero las puertas se abrieron de par en par, y los niños recibieron la carta escrita por su madre con puño y letra de valor y coraje.

La misiva decía: «A mis queridos Hayat y Mohamed y a mi querida sobrina Touta. Os quiero infinitamente y os echo mucho de menos. Cuidaos mucho. Vuestra mamá, que piensa a cada instante en vosotros. Os adoro hasta la locura. Aminatu».

Al final, el hijo menor rompió a llorar. La policía vestida de polizón entró en tropel a la casa y tensó la situación. Desde entonces, Rosa fue redirigida y controlada hasta que salió de la capital saharaui al día siguiente.

Qué aprendí:

La política son gestos. En este caso, representaba una causa justa en la que debes creer para asumir el riesgo. Al ser un gesto no convencional, se convirtió en noticia que traspasó la forma diaria de comunicar. Abrió telediarios nacionales incluso en fines de semana.

El orgullo de un pueblo

En febrero de 2010, Iñaki Gabilondo entrevistó a Rosa Díez en CNN. Una conversación que transcurrió bien hasta que le preguntó cómo definiría a Zapatero con una idea: «Podría ser... gallego, en el sentido más peyorativo del término», respondió Rosa. Luego inquirió sobre Rajoy: «Es gallego», contestó la diputada.

Aquellas palabras desataron una polémica generalizada a la que se sumaron todos los adversarios políticos de procedente gallego: PSOE, BNG y PP. No fueron acertadas las respuestas de Rosa. Lo llevaron como una ofensa a un pueblo, desarrollando la parte emocional. A pesar de las matizaciones o invitar a la gente a que viera toda la entrevista para darse cuenta de cómo se había sacado de contexto no fue suficiente, hasta que no pidiera perdón.

Aguas de Mondariz sacó acto seguido una campaña para aprovechar el tirón mediático que decía: *Orgullosos de ser galegos. No único sentido da palabra* (en el único sentido de la palabra). Una reacción para unir marca al concepto de Galicia con sentimiento.

>Qué aprendí:
>
>La política tiene que emocionar. El sentimiento está por encima de la razón. Se aprovechó un error para atacar frontalmente a Rosa y, por lo tanto, a todo el partido. Cayó en una de las máximas que aprendí de ella y en otra entrevista dijo: «etiquetar es más resolutivo que explicar o argumentar». Sin embargo, ese no era el modelo que se estilaba en la formación magenta; el ADN de UPyD se había basado siempre en la pedagogía.
>
>Fue una pérdida de oportunidad, aunque no afectaría sustancialmente a los resultados en una comunidad en la que teníamos difícil entrar en el Parlamento por la ley electoral.

Dejarse querer

El 11 de marzo de 2010, la presidencia de la Comunidad de Madrid homenajeaba a las víctimas del terrorismo por los atentados de Atocha. Aparte de las asociaciones, se encontraban en la Puerta del Sol los principales partidos políticos. Al acto a las puertas del Palacio de Correos acudió Rosa, antes había llegado Javier García, coordinador de UPyD en Madrid, que se situó junto a Tomás Gómez, secretario general del Partido Socialista en Madrid, y se presentó. El líder socialista le invitó a que almorzaran un día, y Javier cometió el error de sacar su agenda y comenzar a consultarla mientras Tomás Gómez le paraba para decirle que ya se pondría él en contacto, sobreentendiendo que ya sabría cómo hacerlo. Al acabar la ofrenda floral, una vez dentro del palacio, junto con Rosa, comentamos la jugada tomando un café, y continuamos con el asunto de camino al ministerio los dos solos. Simple y contundente en palabras:

> «No hay que precipitarse. No hay que dar signos de debilidad. Hay que dejarse querer; si quieren almorzar, ya llamarán».

> No puedes mostrar ansiedad, aunque la tengas. Las prisas no son buenas, sobre todo, como era en nuestro caso, cuando van a querer algo de ti.

Del político camaleón

El 27 de febrero de 2010 viajamos el fin de semana una delegación del partido invitada por las RASD, República Árabe Saharaui Democrática, a los campamentos saharauis en Tindouf.

Por cuestiones de agenda, una concatenación de actos se concentrarían el sábado: Rosa fue recibida a la altura de los jefes de Estado o de Gobierno. Nos enseñaron con orgullo las escuelas, talleres, centros para niños con discapacidad; realizaron un acto reivindicando la autonomía saharaui, invitaron a Rosa a dar un discurso y tuvimos un almuerzo con los altos cargos políticos en una jaima. Además, nos reunimos con el secretario de organización en el palacio presidencial; por la tarde, visitamos otras escuelas, reunión-debate con mujeres líderes, firma de acuerdo de colaboración entre la RASD y UPyD, para terminar con un encuentro y cena con el presidente del Congreso saharaui. Solo descansamos media hora tras el almuerzo, cuando nos retiramos a una casa saharaui con un joven que estuvo todo el rato con nosotros, pendiente de si necesitábamos algo, enfriando un exquisito té moruno.

A pesar del cansancio acarreado por las esperas de los vuelos e inconvenientes de todo tipo, fue un ejemplo del cambio continuo de registro. En las visitas iniciales a los talleres y escuelas, nuestra actitud era receptiva; hacíamos preguntas para comprender la realidad. El mitin principal fue revolucionario y contundente en sus reivindicaciones; como si fuera una más, Rosa provocó ovaciones como el característico grito de las mujeres saharauis entre los cientos de asistentes. Por la tarde, con las mujeres hizo un discurso didáctico y feminista, sacando a relucir la necesidad de la mujer en la política. Por la tarde-noche hablaba con Mahfoud Ali Beiba, presidente del Parlamento, que pocos meses después fallecería, como si lo conociera de toda la vida.

> Daba igual todo tipo de inclemencias, trabas, cansancio de no dormir la noche anterior o agotamiento por la actividad frenética. Como un camaleón, se adaptaba perfectamente a la arena del desierto o a la resistencia cubana yendo a defender su causa a la isla. Se mimetizaba como signo de inteligencia y con la facilidad para cambiar de registro con naturalidad.
>
> Esto fue solo un ejemplo de la adaptación al entorno, con la palabra y la imagen que aplicaba a otros campos: universidades, Congreso de los Diputados, medios de comunicación, la calle, etc.

La escena pública: de la vida personal y no de la privada

La primera semana de abril de 2010, volábamos hacia Bruselas, donde tendría Rosa junto a Paco Sosa, único eurodiputado de UPyD entonces, un desayuno de trabajo con los medios que cubrían las instituciones europeas. En el vuelo de ida, conversamos sobre distintas noticias de actualidad hasta llegar a una entrevista personal que se hacía dominicalmente en la contraportada del periódico *El País*. Hablamos de lo violenta que parecía la entrevista a Arantxa Quiroga, presidenta del Parlamento Vasco, y la comparamos cuando se la hicieron a ella.

A Rosa le habían hecho una entrevista muy agresiva, arremetiendo contra ella por su pasado político, pero pasando también al plano privado. Rosa remarcaba la distinción entre el reconocimiento de una persona pública por parte de la sociedad y la vida privada. No deben ser interés de los ciudadanos cuestiones privadas tan claras como las relaciones amorosas, el sexo, etc. Pese a que parezca tan obvio y pueda generar morbo, el político debe de ser tajante para cortar todo tipo de intromisión en su vida privada.

Me comentaba que no había que bajar la guardia en las entrevistas por muy cómodo que te puedas encontrar, ni ceder terreno, sino dejarse querer, controlar los tiempos y no hacerse el simpático si no lo sientes; en definitiva, no seguir «la bola» a los periodistas.

Pasando tanto tiempo con ella aprendí que, una vez estás en la escena pública, estás expuesto continuamente, se mira con lupa tu trayectoria, tus redes sociales, tus comentarios e ideas escritas para usarlos, sobre todo negativamente, como arma. Se trabaja la incoherencia o la rectificación a todas horas y se mandan a las tropas por redes sociales u otros medios para expandirlo hasta el último confín.

Al ser un cargo público de estas dimensiones, parece que todos los movimientos son observados con mayor rigurosidad sobre el resto de los mortales. La vida privada es casi inexistente; haces por representar de la mejor manera el papel hasta tal punto que te dejas fotografiar con casi todo el mundo, teniendo que evitar algunos perfiles perniciosos para tu imagen.

«No ceder al chantaje»

Sufrimos en la visita a mi universidad en 2008 el *fascismo rojo*[10], como lo denominó esos días Antonio Elorza. Nos cercioramos en persona de que en las comunidades autónomas en las que el nacionalismo estaba arraigado había carencia de libertad: en febrero de 2009, acompañé a Rosa a Santiago de Compostela, convocados por Galicia Bilingüe, a una manifestación en la que se pretendía reivindicar una enseñanza libre en gallego y castellano. Los independentistas intentaron boicotear la marcha pacífica, infiltrándose entre la muchedumbre, tirando canicas por las callejuelas del casco antiguo, pero sin éxito. En 2010, hubo otro intento de escrache contra Rosa en la Universidad Autónoma de Barcelona, bloquearon la sala y hubo que cambiar de lugar; ese día la amenazaron de muerte con el «pim, pam, pum» mientras le señalaban con la mano en forma de pistola; terminó la conferencia saliendo escoltada del campus. Denunciamos los hechos. Hoy todavía estamos esperando que la Fiscalía hubiera hecho su trabajo. En 2013, como respuesta a la imputación de cinco secesionistas de la UAB, entraron por la fuerza en la sede de UPyD de Barcelona golpeando a un trabajador, sin ningún tipo de consecuencias y con la permisibilidad de los Mossos d'Escuadra, que los desalojaron varias horas después.

Estos actos se estaban llevando a cabo en una democracia del siglo XXI; incluso se iban radicalizando. Recuerdo perfectamente como Rosa me dijo cuando volvió a la sede de la Complutense por vez primera: «Hay que volver, hasta que defender tus ideas en democracia sea lo normal». Compartía el criterio íntegramente, y en octubre de 2010, volvimos. Había quien lo llamaba oportunismo. Personalmente, hubiera preferido que ir a una universidad nunca fuera noticia por el continente y sí por el contenido. De todas formas, generar una oportunidad y aprovecharla por una causa tan respetable como que una demócrata hable en una universidad estaba más que justificado.

En este caso, acompañé a Rosa, quería volver a mi casa, la Facultad de Ciencias Políticas de la Complutense. Se volvió a cumplir

---

[10] «Fascismo Rojo», de Antonio Elorza, *ElPaís.es*, 23 de febrero de 2008 en: http://elpais.com/diario/2008/02/23/espana/1203721226_850215.html

el pronóstico mediático con la particularidad de que había un escrache planificado y tolerado por el nuevo rector, Heriberto Cairó: bombas fétidas, tarjetas rojas y micro en mano a uno de ellos para leer un manifiesto de repulsa a la diputada. Mientras se desarrollaba la conferencia, coincidí con una profesora, con la que mantuve contacto cn mis últimos años universitarios y *a posteriori* en algún evento político. Conocía mi involucración en el proyecto desde hace tiempo. A colación, me confesó que no compartía las ideas de Rosa, pero rechazaba completamente este tipo de comportamiento por parte de los alumnos y más aún que fuera auspiciado por alguno de los profesores. No sabía a quién se refería en ese momento. El tiempo llevó a un primer plano a Pablo Iglesias e Íñigo Errejón, ambos presentes justo a mi lado ese día.

Hoy en día, el líder de Podemos lo sigue negando, incapaz de disculparse. En vez de negar la mayor, podría haber invitado a Rosa tras los acontecimientos a dar una charla en la facultad, presentándola él mismo, aunque solo fuera por ser la líder nacional mejor valorada durante casi seis años, con un proyecto nuevo, en una universidad de Ciencias Políticas.

Como siempre, se debatió de política; un gran número de personas se quedó a escuchar la conferencia. Terminamos y salimos por la puerta principal, un requisito fundamental para demostrar que no se acongojaba ante los intolerantes.

>Qué saqué en claro:

>El político tiene que aprovechar al máximo las circunstancias que se ofrecen y sacar de ellas el mayor beneficio posible. Practicar el oportunismo, aunque esté mal visto, es bueno. El arte de la política consiste esencialmente en ser un maestro del oportunismo[11].

>Las luchas en las causas justas no caducan, y debe perseverar el empeño por conseguirlas, sin ceder al chantaje y la presión, como defender la libertad de expresión en una universidad pública de España.

---

11 IGNATIEFF, Michael, *Fuego y Cenizas. Éxito y fracaso en política*, editorial Taurus, 2014, cap. 3, pos. 512.

Artículo 71.2 (Ser intolerante con el intolerante)

Si había algún artículo del reglamento del Congreso del que Rosa hizo uso, incluso abuso, fue el famoso artículo 71.2, «por alusiones». Este artículo concede amparo al diputado, por alusiones, sobre las personas o juicios morales que hayan hecho otros diputados.

Desde la llegada al Congreso, como formación con un solo escaño, frente a sus antiguos compañeros de andanzas, estuvimos en el ojo del huracán y en el desprecio de muchos. Pronto empezó un ensañamiento que se hizo público en las comisiones parlamentarias; en algunas ocasiones, escondían odio por parte de algunos antiguos «camaradas» socialistas. Todo ello a pesar de directrices claras para ignorarla o marginarla hasta el punto de que fue conocida en los pasillos como la «innombrable».

Pero la mediocridad del parlamentario aflora con el descontrol de los sentimientos, arrojando un insulto fácil y vulgar. Así se comportaron en varias ocasiones algunos socialistas con Rosa, pensando que hacían bien, pero en realidad remaban contra viento y marea.

Primero fue en mayo de 2008. Julio Villarubia, portavoz del Grupo Socialista en la Comisión de Justicia, salió en defensa del vapuleado Conde-Pumpido cuando fue presentado por el Gobierno en el Congreso como candidato a Fiscal General del Estado. Rosa hizo previamente un discurso duro y atinado, señalando como el Fiscal General había actuado al servicio del interés político del Gobierno al no haber instado la ilegalización en su momento y con pruebas suficientes a Acción Nacionalista Vasca antes de las elecciones municipales.

Mientras Conde-Pumpido, sonrojado, no sabía dónde esconderse, el portavoz del PSOE salió en su defensa y se refirió expresamente a Rosa, al decir que «no se aplicaba la ética a la vida política», en referencia a su paso por el PSOE y su posterior marcha.

Entonces, Rosa pidió amparo al presidente de la Comisión, y espetó poniendo el grito en el cielo la actitud de su compañero: «Ese es un juicio de valor ofensivo contra mi persona. No sé si este va a ser el comportamiento del portavoz del Grupo Socialista respecto a mi persona. Los argumentos políticos se contrastan y se discuten, pero los juicios de valor ofensivos son intolerables desde la práctica política y desde la práctica parlamentaria».

El resultado fue excelente: cortó por lo sano la hemorragia, Villarubia reculó de sus palabras, acabó disculpándose y dio un protagonismo mediático a UPyD donde no existía.

Esto ocurrió en los primeros meses de nuestra llegada al Congreso: mi compañera de prensa y yo, que seguíamos el debate desde el despacho, pensamos que debíamos bajar en cuanto terminara la comisión. Después de atender a los medios, nos quedamos a solas; se la notaba alegre y contenta, como si no hubiera pasado nada.

Otro caso fue el de José Andrés Torres Mora, quien mostró con rencor y orgullo no haber votado a Rosa en el congreso socialista en que salió elegido Zapatero. Fue en octubre de 2008, con un histórico Alfonso Guerra como presidente de la Comisión Constitucional cuando se debatía una proposición no de ley de UPyD para eliminar las subvenciones del *mailing* electoral; nuestra propuesta pretendía dar igualdad de oportunidades a todos los partidos, recortar gastos y acabar con el entramado de clientelismo que conllevaban el sistema y las subvenciones[12].

En esta ocasión, Torres Mora, exjefe de gabinete de Zapatero, fue quien otorgó un mayor crédito a Rosa y elevaba a heroicidad su figura frente a sus antiguos compañeros con frases lapidarias como las que soltó: «Hace ya bastantes años, tuve que elegir entre usted y otra persona. Y elegí a la otra persona». «Ese día estuve convencido de que lo que hacía estaba bien, pero nunca se lo había podido decir. Elegí a las personas coherentes, y no a las personas que traen proyectos oportunistas, coyunturales, que solo buscan el beneficio de su partido y que, para buscar el beneficio de su partido, hacen propuestas que hacen daño a los intereses generales de la democracia».

Entonces, Rosa apeló de nuevo al artículo 71.2 del reglamento, y Guerra le concedió un minuto. «No le tolero ni al señor Torres Mora ni a ninguno de ustedes que me den lecciones de democracia, ni de

---

[12] https://www.youtube.com/watch?v=sIkxE-eilCU#t=294.

coherencia, ni que nieguen mi crédito personal», lamentaba que el presidente permitiera el ensañamiento en este tipo de intervenciones y esperaba que pasara a los anales del insulto parlamentario. El veterano político le contestó: «Yo le he admitido la máxima contradicción, lo blanco y lo negro» para zanjar el debate: «Si quiere más protección, debería encontrarlo en otro lugar».

Aludía en múltiples ocasiones al artículo como estrategia para entrar en el debate. Unas veces se lo dieron, como al defender la proposición no de ley de disolución de los ayuntamientos por ANV, para terminar poniendo firme a un socialista poco ágil con palabra; otras, no se lo concedieron porque el presidente no veía argumentos en dichas alusiones. Sea como fuere, no dejaba pasar una oportunidad y estaba dispuesta a luchar por todo.

Por último, recuerdo a un joven socialista que subió a la tribuna a defender el discurso insostenible del modelo de Estado de las Autonomías. Se debatía en mayo de 2010 una moción nuestra para fijar un techo de gasto a las autonomías, y un desconocido Pedro Sánchez Pérez-Castejón intentó sacar los colores a Rosa por pedir recortes y control en las administraciones públicas del gasto superfluo, cifrado en 26.000 millones según estudios propios. Se basó en argumentos de derroche cuando Rosa era concejal de turismo en el País Vasco. Se metió con su pasado personal y, más aún, la bancada socialista arrancó en aplausos. Por primera vez desde nuestra llegada a la institución, nos dieron importancia y nos pusieron a su nivel en el discurso. Mientras el PSOE bajaba en las encuestas por el desgaste del Gobierno, Pedro Sánchez aportaba su granito de arena para que UPyD siguiera creciendo. Que el partido del Gobierno tan poco apreciado por la sociedad en dicho momento se metiera con una sola diputada era casi una bendición, ensalzaba la heroicidad de su figura y, por esta vez, a Rosa se le olvidó aludir al artículo 71.2.

Este último sería un día más en que nos quedamos en minoría absoluta en la votación. Nos pasaba a menudo con iniciativas que creíamos que eran necesarias y justas. Nos gustaría tener mayoría, pero nos reconfortaba defender lo que pensábamos y votar lo que creíamos. Sabíamos que era el buen camino. *A posteriori,* Rajoy comenzó a utilizar nuestros argumentos con la misma cifra de 26.000 millones para acercarse al mismo discurso.

Lo que me llevé de los debates parlamentarios:

Al analizar tantos debates e intervenciones, coincidía en que la calidad parlamentaria resulta cuando se habla de política, no de las personas y sí de responsabilidades. Algo fácil de decir y difícil de hacer.

Hay que centrarse de manera ortodoxa en el análisis político, nunca entrando a la crítica personal que, por lo general, tiende a ser destructiva, y como regla de oro: evitar siempre la adjetivación. Se debe criticar la esencia de los hechos, a veces con severa dureza, marcando la asunción de responsabilidades de los cargos públicos, como ministro o presidente, y presentar una alternativa o soluciones.

Es la forma de sobresalir en el discurso de la Cámara, evitando el encaramiento mediocre clásico de los partidos mayoritarios para atajar la raíz del problema, haciendo una crítica a las formas y cargar moralmente sobre las responsabilidades de las personas con trato exquisito. Porque respetar al adversario hace admirable a la persona y mezquino a quien no lo hace.

La fuerza del positivismo

Después de las nacionales y las europeas, en las que conseguimos un escaño con Paco Sosa Wagner, llegaría el ciclo electoral de 2012. Lo intentamos primero en las elecciones andaluzas sin conseguir representación, pero con un gran crecimiento; sin embargo, en las siguientes entramos con Gorka Maneiro en el Parlamento Vasco, al mismo tiempo que nuestro resultado en Galicia fue bien considerado teniendo en cuenta las dificultades de la ley electoral para entrar en la Xunta. En Euskadi, fue nuestro mejor resultado hasta el momento; aun así, había televisiones nacionales que no tenían nuestro logo o que simplemente no sabían pronunciar el nombre del partido.

Fue en Cataluña, las cuartas elecciones, cuando sufrimos el primer batacazo serio. El análisis se basaba en una falta de estructura de partido, un espacio y un discurso copado por Ciutadans. Durante los primeros tres años, la aureola de positivismo estaba siempre presente, pero un mal resultado creaba dudas. El positivismo se trabajaba a diario; especialmente observé como se utilizan técnicas en las campañas electorales para fomentarlo, pero podía ser peligroso su abuso si se carecía de criterio y de autocrítica con un mal resultado.

Recuerdo como Rosa se apostaba con un diputado del PP, Guillermo Mariscal, a que no solo entrábamos en las elecciones europeas, sino que tendríamos cinco eurodiputados. En ningún momento, ella se lo debía creer, pero como líder del partido creaba una expectación e impregnaba de mentalidad y energía positiva a su entorno. Esta técnica de venirse arriba con las expectativas funcionaba bien siempre que los resultados acompañaran a mejorar respecto a los anteriores. Se convertía en una costumbre hacer predicciones positivas hasta que los resultados dejaron de generar esa línea alcista.

El día del recuento electoral de las catalanas de 2010, habíamos hablado Rosa y yo antes de que ella llegara al hotel donde la esperaba. Me confesó que un buen resultado sería superar el porcentaje de las elecciones nacionales; sin embargo, aquello no sucedió y nos quedamos lejos del objetivo. Bajamos de la habitación del hotel de concentración para hacer las valoraciones ante los medios, arropados por los afiliados y simpatizantes. Antonio Robles, nuestro candidato a la presidencia, y Rosa hablaron. A Antonio le salían a duras penas las palabras; Rosa le respaldó con afecto y fue contundente en su discurso. Dos mensajes dejó claros: volveríamos para que la gente pudiera elegir de nuevo y advirtió del crecimiento del partido independentista de derecha del expresidente del Barça, Joan Laporta.

Fue duro el revés que recibimos; la lección, nítida; y la actitud de Rosa, más positiva que nunca, animando a todos los nuestros, respaldando el proyecto, sonriendo en momentos de tristeza... Llegó a bailar y cantar.

Aprendí:

Entendí la importancia de la fortaleza del líder, al que todos miran y siguen. Hay que levantar la cabeza con dignidad y mirar al futuro; sabíamos que habíamos venido para quedarnos y teníamos que aprender a luchar. Al día siguiente, como cuando tuvimos éxito en las elecciones anteriores, volvimos al trabajo con la mayor dedicación.

La estrategia de crear expectativas resultaba buena siempre que fuera acompañada de resultados positivos; si no era así, lleva al desengaño, desorientación y genera frustración. Hay que analizar y corregir tras los resultados en general, pero sobre todo cuando son negativos, para trabajar sobre la realidad.

De la teoría y la práctica de las «primarias» y la perversión del lenguaje

En 2010, comenzábamos el curso parlamentario en septiembre con una rueda de prensa en que vendimos el titular que nos interesaba: las primarias en UPyD. Desde los orígenes, ha habido primarias sin avales por estatutos; cualquier afiliado que estuviera al corriente de pago de sus cuotas de afiliación podía presentarse como cabeza de lista, tanto a su municipio, comunidad o a nivel nacional. Hoy en día, ningún partido ha reproducido esta fórmula, que garantizaba una máxima libertad y creaba un conflicto interno de grandes dimensiones en un partido nuevo con poca experiencia y afiliación. Esa libertad tiene un precio caro, que se iría demostrando en los procesos continuos que tuvimos.

Hablé con Rosa; comentábamos lo importante que era la participación de la afiliación para legitimar políticamente el proceso. Asimismo, recuerdo como argumentaba la teoría de que la dirección no tenía candidato, algo que debería ser así, pero doy fe que siempre ha habido al menos preferencias.

Se fueron gestando las primarias para las municipales y las autonómicas de 2011, aparecieron los primeros nombres que se quisieron postular, entre ellos David Ortega al Ayuntamiento de Madrid y Luis de Velasco a la Comunidad, miembros del Consejo de Dirección y de la reunión del grupo parlamentario. Aquello fue una apuesta y propuesta por parte de la dirección, en el caso de Luis previo rechazo de José María Fidalgo a encabezar las lista. Frente a ellos, otras personas con trayectoria interna se presentaron sin el beneplácito de la dirección: Javier Flores para rivalizar con David, o Javier García Núñez, con Luis. La guerra estaba servida. Con tanto movimiento, tuve una conversación inusual de carácter orgánico con Rosa. Hablamos de la idoneidad de los candidatos; expuso que nuestro modelo de elección era la mejor manera de escoger a los candidatos idóneos para representar a la sociedad y a UPyD en las instituciones. En definitiva, para promover la meritocracia.

Me di cuenta de que el discurso político que estaba haciendo conmigo era completamente cierto, lo compartía íntegramente. Tan cierto como que la dirección del partido tenía sus preferencias, sus propios candidatos, que en esta ocasión coincidían con quien yo consideraba que eran los mejores. Los activistas hacían campaña interna, el aparato se ponía en marcha. En mi caso, después de hablar con Rosa, hablé con los «no alineados» para hacer campaña a favor de los candidatos «preferidos» de la dirección.

Al final, Luis y David salieron elegidos candidatos, no sin tensión y emoción; fueron quienes representaron a UPyD en las instituciones madrileñas durante cuatro años. Mientras tanto, el partido pasaba factura y se desgastaba por aquellos que se iban presentando en los procesos internos; cuando no salían elegidos, la integración era difícil después, y debilitaba a la estructura interna, que nunca llegó a tener gran músculo de afiliación.

    Qué aprendí:

    Poco a poco me convertía en parte del aparato, sin ser especialmente consciente de ello; aunque fuera a nivel institucional, ejercía como tal. Como persona de confianza, ocupando el puesto que tenía y defendiendo los intereses que la dirección de forma natural.

    No es la mentira la que marca el nivel de agudeza del político, sino la perversión del lenguaje.

    Indudablemente, se podía tener preferencia por el candidato que fuera, pero de manera subyacente lo que se ponía continuamente de manifiesto era establecer una influencia mediante los candidatos electos en beneficio propio de la dirección. Esos candidatos, si luego se convertían en cargos públicos, serían personas de poder cercanas a la dirección y en defensa de sus propios intereses. Por eso, siempre había preferencias y siempre el aparato actuaba.

Influenciar en la toma de decisiones. Hacer *lobby*

Se convirtió en una normalidad que cuando trabajábamos las iniciativas parlamentarias, recibiéramos a personas, empresas, organizaciones y resto de la sociedad civil afectada. La peculiaridad de España es que tiene un asociacionismo poco desarrollado en comparación con otros países del entorno; sin embargo, comenzamos a recibir a los primeros *lobbies* de forma oficial en el Congreso, como en la ley del juego o la audiovisual, porque veían la necesidad de influenciar en la toma de decisiones políticas.

Las grandes empresas y ONGs ya lo hacían por su cuenta, desarrollando desde el origen una línea estratégica de los asuntos públicos y las relaciones institucionales. Sin embargo, estas empresas de *lobby* se iban especializando en representar intereses de sus clientes con un conocimiento al principio limitado de la toma de decisiones. Era curioso que se acercaban incluso con conocimientos personales. En mi caso sabían cuándo y dónde me había casado, a otros les invitaban al palco de fútbol del Bernabéu. Cualquier cosa parecía buena con tal de afianzar relaciones y estrechar vínculos.

Detectamos que la principal debilidad que tenían todos los interesados en las leyes que se elaboraban era la falta de conocimiento interno del funcionamiento parlamentario, en especial de los procesos regulatorios.

Nuestro objetivo como grupo político era escuchar con interés a la sociedad civil, acercándonos a la realidad de cada colectivo y echando una mano desinteresada para solucionar sus problemas. Estábamos dispuestos a cuidar las relaciones y mantener informado a todo el mundo, sobre todo si compartíamos la causa. Con el tiempo, creo que nos ganamos la consideración de los que trabajaron con nosotros.

En general, todo el que se acercaba buscaba identificar a los actores relevantes, saber los tiempos para poder llevar a cabo la influencia y cómo hacerlo. Al final, los actores que pueden modificar o influir en una decisión política están contados y de alguna u otra manera siempre se puede llegar a ellos.

En nuestro caso, el primer filtro se realizaba mediante los asistentes técnicos parlamentarios, que, aunque no tuvieran el poder de decisión, eran personas igual o más relevantes que un diputado a la hora de influenciar, pues toda la información pasaba por ellos.

Los diputados no podían estar en todo; por eso, el equipo iba trabajando distintos asuntos que íbamos elevando hasta tal punto que se podían convertir en nuestros temas baluartes para hacer oposición.

Un ejemplo fue cuando, después de varias reuniones con un *lobby*, introdujimos y sacamos adelante en la ley audiovisual enmiendas de regulación de los anuncios del culto al cuerpo fuera del horario infantil. Otro ejemplo, en la X legislatura, sirvió para abanderar la lucha contra la pobreza infantil trabajando con Unicef. Un sinfín de asuntos, en una infinidad de reuniones, que servían para especializarnos y sacar propuestas de la sociedad civil adelante.

Qué aprendí:

Un buen representante interioriza el problema de la gente hasta convertirlo en su causa, empatiza con los objetivos y los incorpora en su ideario para influenciar en las decisiones políticas.

Lo más importante cuando recibes a lo sociedad civil es no engañar. Comprometerte con la capacidad que tienes y, en caso de compartir la causa, enseñarle la mejor forma de cómo conseguir sus objetivos. Si no, lo mejor es decir que no les puedes ayudar sencillamente porque el partido no comparte sus objetivos.

La prevención es la clave para abarcar cualquier asunto público. Hay que adelantarse a los hechos para evitar las dimensiones que puede tener un problema antes de que entre en la agenda política y se convierta en parte de la opinión pública.

El demonio es viejo; hazte viejo para poder entenderlo[13]
(Max Weber, *El político y el científico*).

La crisis económica azotaba fuerte a Europa, pero especialmente a países como España. La diferencia, además de no tener el sistema financiero más solido de la comunidad internacional, como aseguraba Zapatero, era una crisis política e institucional. La distancia entre el ciudadano y sus representantes se agudizaba hasta eclosionar con el movimiento del 15-M.

Se acercaban las elecciones autonómicas y municipales de mayo de 2011; el PSOE se preparaba para la debacle, por su gestión nefasta de la crisis, mientras que el PP se frotaba las manos para recibir los beneficios, fruto del fracaso socialista y no tanto por su propio éxito.

A principios de febrero, en un intento de golpe de encuesta, los socialistas comenzaron a hacer una ronda con los distintos partidos políticos, encabezado por el «tridente» de la vicepresidenta Salgado, vicepresidente Rubalcaba y el ministro de Industria Sebastián, para explicar a la oposición el pacto social firmado con los agentes sociales.

Cuando le tocó a UPyD, Rosa fue acompañada de Luis de Velasco y finalmente solo fue un encuentro con el «jefe», su viejo amigo Rubalcaba, que inesperadamente fue monotemático sobre ETA.

El conflicto etarra mantenía su protagonismo. La izquierda *abertzale* preparaba su maquinaria para entrar en las instituciones democráticas y convertirse en el brazo político de los terroristas para legitimar su historia. Habían creado una nueva marca llamada SORTU (*nacer* en euskera).

En aquella reunión de más de una hora, Rubalcaba tanteó a Rosa para calibrar la táctica del PSOE. Le hizo ver que el Cuerpo Nacional de Policía y la Guardia Civil hacían todo lo posible por buscar pruebas contra SORTU. Rosa, por sus propias fuentes, sabía que el CNP había intentado hacer un informe en el Ministerio del Interior

---

13 WEBER Max, *El político y el científico,* Alianza Editorial, octava reimpresión, 2007, Madrid, p. 176.

favoreciendo la vía libre de la nueva formación, pero la Guardia Civil, institución militarizada pero no politizada, enderezó el rumbo con un informe tajante que demostraba la vinculación de la formación con el entorno de ETA y que terminó arrastrando a la dirección del CNP por el mismo camino.

Alfredo —o Alf, como le llamaba Rosa— pasó a exponer directamente la táctica de manera sencilla: el Tribunal Supremo rechazaría a SORTU y el Tribunal Constitucional daría el visto bueno. Ya sobre la independencia de la justicia, Alfonso Guerra dejó claro el funcionamiento cuando manifestó su oposición en 1985 «a seguir viviendo en la época de Montesquieu, cuando hace mucho tiempo que ha muerto». Desde entonces, nada ha cambiado: la justicia politizada garantiza la corrupción y debilita la democracia.

Rosa no daba crédito a la explicación de Rubalcaba, le reprochaba en ambiente distendido y le ponía en evidencia por la táctica tan miserable. Sin embargo, la situación se tensó cuando Rosa le preguntó cuál era el límite para que no les dejaran presentar, a lo que Rubalcaba le contestó que no cargarían con ningún muerto.

Estaba claro, ya estaba pactado todo con el Partido Popular y con el PNV. Ahora, solo les tocaba interpretar sus roles frente a la sociedad, como poli bueno y poli malo.

Luis Velasco, con sus años y experiencia, comentó con admiración el encuentro entre los que posiblemente fueran dos de los mejores políticos del momento en España.

Sobre el PNV, saqué mis propias conclusiones cuando estaba en el aseo del Congreso cepillándome los dientes y entró Josu Erkoreka, portavoz del grupo nacionalista vasco, amable y peligroso políticamente hablando. Como otras ocasiones, hablamos de actualidad, de cómo le iba al PNV con la debilidad del Gobierno y su propio pacto de estabilidad sustentado por seis votos nacionalistas vascos. Al hablar de SORTU, me lo dejó claro en varias frases: «Yo creo que lo tienen pactado, ya veremos…, pero al final alguna influencia tienen» (haciendo referencia al bipartidismo y a los órganos judiciales). «Bueno, en este momento nunca se sabe», concluyó.

Esto es la política, jugar al engaño. «Quien hace política pacta con los poderes diabólicos que acechan en torno de todo poder». Así es como se estaban tomando las decisiones, y solo quedaba maquillarlas para que parecieran lo que no son. Aprenderlo no era cuestión de tiempo, como dice Weber, sino de la educada capacidad para mirar al frente las realidades de la vida, soportarlas y estar a la altura: hacerte viejo como el demonio.

Creer es poder, la alternativa en Vistalegre

En abril de 2011, el PSOE cancelaba un acto de precampaña en un emblemático lugar socialista, alegando causas económicas y la voluntad de centrarse en cada ámbito municipal, aunque la razón de fondo era evitar una exposición de un desacreditado Zapatero como marca socialista junto a los principales candidatos.

Comentábamos la jugada con Rosa en su despacho junto a la jefa de prensa, cuando en un momento de lucidez dijo que por qué no lo hacíamos allí. La idea de desmontar los argumentos del PSOE tenía su atractivo. Empezó a motivarse en voz alta, compartiendo la idea; analizamos la dificultad de llenar el recinto, pero también la oportunidad de ocupar el espacio de los socialistas como acto simbólico. Entonces, empezó a mover los hilos y ya no había marcha atrás.

En ese momento, rondaríamos los seis mil afiliados, el reto sería realizar lo que fue nuestro acto más multitudinario para el día 3 de abril. Movilizamos a la afiliación, simpatizantes y familiares para intentar llenar la plaza de toros.

Fue un esfuerzo económico importante, de unos veinte mil euros, pero evidenciamos que si nosotros podíamos, los socialistas también. Nuestro presupuesto no llegaba ni al cinco por ciento del PP o del PSOE y además, para esta ocasión, pedimos por vez primera a los asistentes que donaran un euro a la entrada.

El acto fue una fiesta, un impulso de grandeza, una inyección de adrenalina para los miles de asistentes y simpatizantes que vinieron. La guinda del pastel la puso Álvaro Pombo al explicar que UPyD era «la y de la conjunción copulativa» mientras los vítores de UPyD se repetían en las gradas.

No se llenó; no hizo falta. El hecho de que hubiera tanta gente un sábado por la mañana para hablar o escuchar un proyecto nuevo era suficiente. Para nosotros, fue un paso de gigante: entramos a jugar en una plaza de primera, tomando la alternativa al PSOE, desmontando su estrategia y enseñando a la sociedad que nuestro proyecto iba en serio y se consolidaba a marchas forzadas. Un acto de poderío e ilusión al que no le faltaron detractores en los medios.

Los sentimientos engañan en la política. Cómo los *abertzales* entraron de nuevo en las instituciones

Después de aquella conversación con Rubalcaba, parecía que nada más se podía hacer. Se avecinaban las elecciones municipales, con una marcada decadencia socialista, un Partido Popular estático y el duelo en vilo esperando a que el Tribunal Supremo y posteriormente el Constitucional decidieran si los testaferros de ETA retornaban a las instituciones o no.

Un día antes de las elecciones, surgía el 15-M. Miles de ciudadanos hartos de los políticos y del sistema financiero salían a las plazas principales de las ciudades a manifestarse, a gritar: «¡Que no, que no, que no nos representan!». Era el principio de un movimiento cívico que daría mucho que hablar y nos condicionaría en nuestra trayectoria como partido.

En cuanto a la campaña, recuerdo como el bipartidismo, siguiendo su guion establecido, y representando cada uno su papel, se llevaban las manos a la cabeza con el terrorismo, la ilegalización de SORTU y el futuro de Bildu.

La noticia nos cogió a medianoche en la plaza de las Comendadoras en Madrid, donde acabábamos de terminar la tradicional pegada de carteles. Rosa deambulaba esperando inquieta la noticia. Me sorprendía que tuviera esperanza de que esta vez los *abertzales* quedaran fuera de las instituciones, pero creo que era el sentimiento lo que nublaba la evidencia. Argumentaba que los socialistas calculaban electoralmente y no les daba rédito la legalización, pero no era cierto.

Entonces, llegó la noticia y se cumplió a rajatabla la táctica marcada por Rubalcaba. Primero, el Supremo prohibiría la participación de Bildu en las elecciones y, en cuestión de cuarenta y ocho horas, el Constitucional refutaría la sentencia en uno de los días en que más evidente se hacía que el sistema judicial español era una lacra al servicio de los partidos políticos en el poder. Quedaba en tela de juicio la independencia de uno de los tres pilares de la democracia y, por lo tanto, el sistema democrático en sí.

En la noche de apertura de campaña, la noticia marcó la agenda: los enemigos de la libertad ganaban la batalla gracias al bipartidismo. Una gran decepción envolvió el entorno, éramos conscientes de lo que significaba en la lucha contra ETA. Los ojos acuosos de Rosa lo decían todo. Pidió de nuevo la palabra para hacer declaraciones con la gente y los medios que todavía estaban por ahí. Tocada y hundida, con entereza y fortaleza, retiró el apoyo a cualquier tipo de pacto con el Partido Socialista de Euskadi.

> Saqué en claro que Rosa se había ido abstrayendo de la realidad, siguiendo sus sentimientos y el deseo de acabar con los terroristas. La realidad se imponía y es que los sentimientos engañan hasta a los grandes políticos.

> Ese tipo de sentimientos que generan rabia e impotencia son los que hacen que luches por causas justas y te ayuden a involucrarte en la sociedad civil y en la política.

El 15-M, la calle y el espacio para la sociedad civil. Oportunidades desaprovechadas

El 15-M marcó un hito histórico en la política española y más de lo que nos hemos llegado a imaginar en UPyD. Recuerdo cuando comenzaron a convocar concentraciones pacíficas en la Puerta del Sol de Madrid y en el resto de las capitales de España, exigiendo una democracia «real». Me acerqué desde el Congreso, compartiendo la reclamación de un cambio en la política y en la sociedad, argumentando que los partidos políticos no representaban ni actuaban en interés de los ciudadanos.

Después de involucrarme con una multitud heterogénea, que abarcaba distintos estratos sociales y generacionales, respirando aires de cambio, comprobé que aquel movimiento compartía unos principales objetivos similares a los de UPyD: la superación del bipartidismo hegemónico, la clase política endogámica, la lucha contra la corrupción, la sumisión a los intereses económicos privados, representado por dos jóvenes vestidos de chaqué con puro parodiando a deshumanizados banqueros, la reforma de la LOREG para garantizar igualdad, un mayor control político por parte del votante y el respeto por derechos básicos como la vivienda, trabajo, educación o cultura. Utilizaban el mismo lenguaje que nosotros, como «la alternancia sin alternativa», al referirse al PP y PSOE. Al principio, algunos medios de comunicación indicaron y escribieron que UPyD o IU estaban detrás del movimiento cívico; nosotros lo desmentimos. La plataforma Democracia Real Ya, que estaba movilizando a la gente, se declaró «apartidista». Es verdad que hubo intento por parte de movimientos de izquierda para apropiarse el protagonismo y el rédito de la fuerza que llevaba esta «revolución»; de hecho, de alguna forma lo consiguieron. Podemos tiene sus raíces vinculadas a este movimiento, que terminó siendo asambleario, pero con el paso del tiempo perdería la esencia inicial.

Nuestra posición marcada principalmente por Carlos Martínez, responsable de acción política y programa, era apoyarlos, pero sin involucrarnos políticamente en los movimientos cívicos, respetando su independencia para que no se diera su politización. En teoría, esta posición es idílica y debería ser así, pero la experiencia dicta que la mayoría de los partidos políticos están detrás de los movimientos sociales; aún más si tienen un peso relevante. Se ha visto en asociaciones de víctimas del terrorismo con guerras internas entre el PP y el PSOE, plataformas antidesahucios que han querido ser colonizadas por partidos de izquierdas o cómo finalmente los líderes de los movimientos han terminado encabezando listas electorales.

A medida que se iban desarrollando diferentes movimientos cívicos, plataformas o asociaciones de distinta índole, nos pedían que nos involucrásemos o los apoyáramos como partido. La respuesta que les solíamos dar era de apoyo institucional o presencial en la calle, en caso de compartir sus objetivos o reivindicaciones, como por ejemplo la custodia compartida, pero distanciándonos de ellos para darles un protagonismo social sin politizarlo. Aquello nos llevó a confusiones malintencionadas por los partidos que ya estaban contaminando, como el caso de la Plataforma de Afectados por la Hipoteca, que nos llegó a acusar de no respaldar su causa, siendo UPyD el primer partido nacional en presentar una propuesta en el Congreso de segunda oportunidad.

Algo similar nos pasó con otros movimientos, como la marea verde de la educación pública o la marea blanca en defensa de la sanidad publica madrileña, a las que respaldábamos, pero al no estar en primera línea de pancarta, politizándola o exigiendo un proceso de selección basado en la excelencia del profesorado, se nos atacaba intentando desligarnos.

El perfil de los fundadores también marcaría una relación estrecha y a veces difícil de tratar con asociaciones de víctimas del terrorismo. La influencia del bipartidismo era fuerte, y la autoridad del proyecto de UPyD, procedente de la Plataforma Pro y de Basta Ya, marcaba una voz clara e intransigente en la política con cualquier guiño o negociación política al entorno terrorista.

Ante otros colectivos, nos erguimos como referente. Otro sector en el que Rosa se ganó el respeto era el LGTBi. Estaba en primera fila apoyando, cuando orgullo gay era una reivindicación y no una fiesta. Y sin embargo, actitudes atípicas: el partido renunció a ir en la pancarta principal cuando se politizó el evento.

Pero si alguno destacaba en especial, era el respeto del colectivo que las Fuerzas y Cuerpos de Seguridad tenían al proyecto y en particular a Rosa. Una autoridad ganada a base de velatorios y defensa del colectivo, tanto en las instituciones como en la calle. El 15 de marzo de 2009, se celebró la mayor manifestación de policías de la historia, en la que unos veinte mil miembros exigían respeto, reconocimiento y una equiparación salarial con respecto al resto de agentes autonómicos y locales. El acto final, en la plaza de Colón, terminó con la líder de UPyD leyendo el manifiesto y con gritos de «Rosa Díez, presidenta».

Qué observé:

El hecho de defender «la causa» desde el principio, llevó a Rosa a convertirse en icono de las Fuerzas y Cuerpo de Seguridad del Estado. Los consideraba nuestros escudos democráticos contra todos aquellos que quieren hacernos daño.

Al final, perdimos la frescura de la calle. En el pasado, encontrabas en nuestros actos políticos públicos más gente desconocida que de la familia magenta; el debate callejero dejó de tener enganche para ser un acto simbólico que ya no era noticia, ni eficaz. Una de las principales razones la achaco a que los pocos recursos que teníamos los centramos en aprender el funcionamiento y toma de decisiones de las instituciones y fuimos perdiendo poco a poco el pulso de la calle.

La falta de crecimiento de la afiliación, simpatizantes o activistas del partido resultaría clave para el estancamiento, y su consecuente pérdida de músculo ante la sociedad. Estas figuras voluntarias y comprometidas eran fundamentales como altavoces del mensaje de UPyD, desconocido para gran parte de la sociedad, pero además servían como fuente de financiación privada con las cuotas de veinte euros o de mano de obra gratuita. Un partido que nunca superó los ocho mil afiliados terminaría siendo residual.

Recuerdo como leímos con el equipo, incluida Rosa, una carta de un joven maño licenciado y en paro rogándonos, antes de que surgiera Podemos, que recuperásemos la calle. Entendimos el mensaje, reflexionamos para ver cómo reaccionar y, sin embargo, seguimos sumidos en nuestra actividad frenética.

Otra política es posible

La sensación del ciudadano era que la mayoría de los políticos estaban pendientes de su propio interés, obviando el propósito básico del político, que es contribuir al bien de los ciudadanos en general. Era el momento para que los ciudadanos recuperasen el control sobre la política, controlasen a sus representantes y el cambio fuese radical. Ese era el objetivo que tenía UPyD, y así afrontábamos las autonómicas y municipales de 2011.

Tuvimos que enfrentarnos de nuevo a los comicios con escasos recursos económicos, con apenas apoyos de los medios de comunicación y alguna campaña agresiva en contra, como la que desató Esperanza Aguirre en la Comunidad de Madrid y los intentos de su equipo, con Ignacio González a la cabeza, de colocar en vano a la formación a la «izquierda de la izquierda»[14] o las declaraciones al electorado, comunicando que sus propias encuestas nos daban menos del corte del 5 % de los votos necesario para entrar en la Asamblea de Madrid. Esto significaba algo positivo, que nos percibían como una amenaza. Así fue, entramos con peso en las instituciones, sabiendo que era el momento de actuar de forma distinta, predicando con el ejemplo. Tuvimos más de ciento sesenta cargos públicos, la mayoría de los cuales nunca lo había sido, y hubo que instruirlos y coordinarlos dentro de una estrategia nacional. A nivel nacional, nuestras líneas rojas de partida eran la reforma de la LOREG para que el voto fuera igualitario y la recuperación de las competencias por parte del Estado de la sanidad y la educación. De hecho, el compromiso con la educación era una seña fundacional del partido y lo poníamos al nivel de la reforma constitucional. A nivel local, no dimos ningún apoyo político a partidos que llevaran imputados; es más, hicimos porque no gobernaran los municipios. No entramos en los gobiernos si no teníamos mayoría y expulsamos a aquellos de nuestro partido que siguieran las directrices. Evitábamos desgastarnos pisando con pies de plomo un terreno desconocido al que

---

14 «El PP arremete contra UPyD y sitúa a Díez a "la izquierda de la izquierda"», *ElPaís.com,* 26 de mayo de 2010, en http://elpais.com/diario/2010/05/26/madrid/1274873059_850215.html.

acabábamos de llegar. Algunos intentaron por todos los medios llegar a acuerdos con nosotros y tardaron en darse cuenta de que era inviable, como el caso de Pedro Castro, que, después de más de una veintena de años, dejaba la alcaldía de Getafe. Sencillamente, se llamaba regeneración democrática y si no había limitación de mandatos todavía *de iure* sería *de facto*. Le arrebatamos la alcaldía al PP en Coslada, siendo el partido más votado, pero con un alcalde imputado por malversación y prevaricación.

Esta nueva forma de hacer política desorientó al bipartidismo, que pensó que entraríamos al malacostumbrado mercadeo e intercambio de cromos. Una vez en la oposición, desarrollamos mecanismos de control y de ejemplificación. El objetivo en todo momento era la transparencia en la gestión pública e intentar erradicar los privilegios políticos. Entre otras medidas, ya habíamos promovido en el Congreso la supresión de las pensiones parlamentarias y continuamos con algunas que fueron llamativas, como la renuncia a los coches oficiales —así se hizo en el Ayuntamiento de Madrid—, dejando en evidencia al resto de grupos políticos, la devolución de entradas para corridas de toros y otros eventos, por considerarlas un privilegio y un gasto innecesario, además promovimos una iniciativa para reducir el salario a los diputados de la Asamblea e hicimos un hito histórico al devolver 243.711 euros al Ayuntamiento de Madrid de los vocales vecinos para que se destinaran a ayudas sociales y a comedores escolares[15]. Con la llegada del grupo parlamentario al Congreso, seguimos la misma línea, fuimos pioneros en la publicación de las nóminas e intentamos sin éxito que hiciera lo mismo el resto de la Cámara, comenzamos a publicar las agendas de nuestros diputados y todos los encuentros con la sociedad civil.

> Un ejemplo con hechos de que se podía hacer política distinta, como creíamos que querían los ciudadanos, coherencia en el discurso y con sentido común.

---

15 «UPyD dona 243.741 euros para ayudas a comedores escolares», *ElMundo.es*, 11 de abril de 2015 en http://www.elmundo.es/madrid/2015/04/11/5529724b268e3e172b8b4571.html.

La profesionalización de las ideas, el mensaje y la toma de decisiones

Con la experiencia, el trabajo que había detrás del cargo público empezó a seguir unas pautas bien marcadas. En la reunión semanal de los lunes del grupo parlamentario, comentábamos la actualidad política. Esa reunión fue transformándose con el tiempo; al principio, estaba formada por la jefa de prensa, algunas personas notables del partido, Rosa y yo, que ejercía de secretario y encargado del orden del día. Ya en la X legislatura, se sumaría el resto de los diputados y la persona responsable de comunicación.

Los primeros minutos eran un balance del panorama político que normalmente dirigía Rosa; el resto de miembros iban haciendo intervenciones y puntualizaciones. Se aprovechaba la puesta en común para anotar frases ingeniosas, reflexiones e ideas que luego saldrían a la luz pública.

Mediante el gabinete canalizábamos todo tipo de iniciativas parlamentarias para la reunión, ya fueran de producción propia de los diputados, técnicos o de los grupos de trabajo. Analizábamos la actualidad política, luego la actividad parlamentaria de la semana en curso para terminar con nuestras iniciativas políticas y otros asuntos que hubiera que dar respuesta. Para las iniciativas y los discursos, nos basábamos en los posicionamientos que ya habíamos defendido previamente en una materia y el derecho comparado con otros parlamentos internacionales. Así trabajamos la coherencia y viabilidad de las ideas comparándola con otros países.

Cuando se acercaban los grandes debates, Rosa se encerraba con toda la documentación que le hacíamos llegar de asesores mayoritariamente voluntarios, para mascar toda la información y hacer su discurso político. Otros cargos nos pedían supervisar y analizar con ellos sus intervenciones.

A medida que fuimos creciendo, teníamos que dar respuesta al volumen de carga de trabajo creando nuevas dinámicas de funcionamiento. Empezamos a instaurar en el Congreso reuniones ejecutivas entre los trabajadores para preparar la actividad parlamentaria y mecanismos internos para incentivar la producción. Con la irrupción de Podemos, nos cercioramos del espacio que habíamos dejado en televisión y la realidad del *Homo Videns* de Sartori. Irene y Toni ya habían puesto de manifiesto la importancia de estar presencialmente en todas las televisiones; con ellos creamos sistemas de preparación previo y de análisis posterior a los debates televisivos, trabajados siempre con prensa y asistentes parlamentarios. Por ejemplo, preparábamos en equipo todos los temas que se iban a tratar en la Sexta Noche, y ya sabíamos antes del debate cuál era el mensaje que tenía que trasladar nuestro cargo público, cómo anticiparse a cualquier respuesta o cómo reconducir el debate.

La constancia y perseverancia cuando tomas buenas decisiones son sinónimos de éxito. La dinámica del trabajo te exigía dominar las habilidades públicas y, por lo tanto, ejercitar a diario la oratoria, escribir discursos, pensando en las respuestas a los distintos rivales políticos, en los titulares que dar, etc. En definitiva, un trabajo diario para trasladar el mensaje que querías que llegara a la sociedad. En el caso de Rosa, practicaba casi a todas horas: cuando viajaba, en casa o con el equipo.

Cometimos el error de ser selectivos con las televisiones, a pesar de las advertencias de nuestra jefa de prensa. La televisión sigue siendo el principal medio para crear opiniones en el público y que puedan ser también opiniones del público. Cuando revisamos esta decisión y empezamos a aceptar todas las invitaciones, ocupamos un espacio que habíamos desatendido, sin ser conscientes del potencial único que tenía para trasladar nuestro mensaje, para visualizarnos ante el público y para la creación de nuevos líderes. Entonces, empezamos a ser conscientes: habría grandes batallas que no se librarían en el Congreso.

El odio de los presidentes o la real oposición

Rosa se había convertido en el Pepito Grillo de la bancada y principal azote de los presidentes del Gobierno. No había que dejar respirar al que estuviera en el Gobierno, perseguirlo políticamente y controlar cada uno de los movimientos y declaraciones que hacía.

En alguna reunión del grupo parlamentario, vistas las carencias del Gobierno socialista para afrontar la crisis económica y política, comentamos pedir un adelanto electoral. En julio de 2010, se celebraba el debate sobre el estado de la nación cuando Rosa Díez pedía en nombre de los españoles el adelanto de las elecciones. El menosprecio por parte de Zapatero fue contestarle que «con un solo escaño no puede interpretar a los españoles».

En 2011, empezamos pronto el trabajo. Se notaba que se avecinaba un cambio en el panorama político y nosotros creíamos que seríamos de alguna forma protagonistas. El 4 de enero, el presidente del Gobierno tuvo un error de cálculo político lanzando un dardo envenenado a Rosa Díez sin siquiera mentarla. Carlos Herrera entrevistó a Zapatero, mencionaba a Álvarez Cascos y su salida del PP, y este se apresuraba a contestar: «Sobre esto sí tengo algo que decir: es curioso que siempre aquellos que se creen grandes políticos acaban formando partidos más pequeños».

A Rosa le bastó una frase en su perfil de Facebook para dar respuesta a este ataque: «Hay políticos pequeños que se cargan grandes partidos».

Al principio, fueron pocos los medios que se dieron cuenta de que se refería a Zapatero, pero la respuesta de Rosa disipó todo tipo de dudas. En los digitales, la mayoría de las reacciones por parte de lectores cargaban contra el presidente.

Recuerdo como nos recreamos en la jugada y me dijo acertadamente: «Podía cambiar la palabra partidos por Estados».

Igual de irritante se convirtió para Rajoy, al que sacaba más fácilmente de sus casillas y le contestaba con ataques personales. En la rumorología de los pasillos, tras los rifirrafes y desprecios personales, se escuchaba que era un misógino. Fueron numerosas las salidas de tono y de forma del presidente.

En mayo de 2012, para referirse al acuerdo del Eurogrupo por el que se inyectaron hasta cien mil millones de euros en los bancos españoles, Rosa tuvo la brillante intervención de «Dígalo conmigo: res-ca-te. Rescate limitado, rescate financiero, rescate *light*, rescate maravilloso, pero rescate». Le recordaba los errores que UPyD señalaba al gobierno de Zapatero en la IX legislatura usando eufemismos y no reconociendo la gravedad de los problemas, y Rajoy le contestaba que no estaba pendiente de ella[16].

Las veinte preguntas del 1 de agosto de 2013 en el Senado por el Pleno extraordinario del caso Bárcenas pasarán también a la historia por la contundencia y la negación del presidente a contestarlas[17].

A partir de entonces, Rosa vio el flanco abierto: «No son las medidas, son las mentiras, señor Rajoy». Sabía que atacaba su credibilidad con la subida del IVA del gobierno popular nada más ser proclamado presidente, en contra de su programa electoral, o la falta de transparencia del caso Barcenas, que le implicaba directamente.

En el debate del estado de la nación de 2014, se enzarzaban en intercambios de insultos personales. La portavoz de UPyD le llamaba «deshonesto» y le acusaba de mentir, a lo que contestaba el presidente que si se creía «la quintaesencia de la democracia», que «debería ser más modesta» o que «todos cometemos errores, salvo usted, que no los comete», le replicó[18]. Aquel debate además fue introductorio a nivel nacional por UPyD de un problema real como la pobreza infantil, trabajado con UNICEF, a la que rápidamente otros partidos se empezaron a sumar.

Rajoy se defendía directamente con la adjetivación o errores malintencionados. Durante varios debates, la llamó «Señora Díaz», le

---

16 Intervención de Rosa Díez en el Congreso de los Diputados el 13 de mayo de 2012 https://www.youtube.com/watch?v=HkhAJ1ZmGGo.

17 Intervención de Rosa Díez en pleno el 1 de agosto de 2013 https://www.youtube.com/watch?v=VfXF3wtK3qs; preguntas por escrito en http://estaticos.elmundo.es/documentos/2013/08/01/intervencion_diez.pdf.

18 «Rosa Díez y Rajoy se enzarzan en un intercambio de insultos personales durante el debate del estado de la Nación», *ElDiario.es,* 25 de febrero de 2014, en http://www.eldiario.es/politica/Rosa-Rajoy-intercambio-insultos-personales_0_232727770.html.

pidió que fuera menos soberbia y, usando a menudo el sarcasmo, la tachó de estupenda.

En parte se podía entender esa obcecación con Rosa, ya que en cuanto podía hacía oposición donde más duele, soltando verdades y poniendo en evidencia las actuaciones del Gobierno tanto dentro como fuera del Congreso; incluso una vez que había dejado de ser presidente continuaba la persecución. En diciembre de 2013, cuando el expresidente presentaba sus memorias, nuestro grupo parlamentario registró una batería de preguntas al Gobierno para saber si existía alguna retención ilegal por parte de José Luis Rodríguez Zapatero de la carta, que es patrimonio documental, que le envió el Banco Central Europeo en agosto de 2011 exigiendo recortes a España.

Lo que transmitían al contestar a Rosa era soberbia, ataques personales; incluso a la larga, odio. Tal vez, fuera fruto del pasado, de hacer buena oposición, de perseverar hasta el último día.

Realpolitik

El 20N de 2011, se celebraron elecciones nacionales con una de las noches electorales más tensas para UPyD. En la habitación 101 del Hotel Villa Real, seguíamos el recuento con nervios, expectantes por ver hasta dónde llegaría el éxito del proyecto. Junto a varios compañeros, analizábamos los datos y nos encerramos en una sala contigua a la de algunos de la dirección.

Costó hasta que a partir de las diez de la noche, empezó el volcado de datos en la página web del Ministerio del Interior. Nuestras principales bazas eran Madrid, sin saber nuestro tope, y con posibilidades de un escaño en Sevilla, Murcia y Valencia, con el efecto Ronald Reagan, aludiendo a Toni Cantó, como decía un buen compañero Roberto Moreno. Los resultados fueron notables, aunque con sabor agridulce: cinco diputados, de los cuales cuatro eran por Madrid y uno por Valencia. Conseguimos un éxito con un 4,7 % del total de los votos válidos, pero con el reglamento del Congreso de los Diputados en mano aquello significaba no tener grupo parlamentario propio. Para formarlo, además de cinco diputados, necesitábamos el 5 % de los votos a nivel nacional. La noche fue expectante, agotadora, festiva, llena de elucubraciones y con terapia para los pesimistas clásicos del partido.

Esa misma noche, contacté con el jefe de gabinete del que sería el futuro presidente del Gobierno. Rosa quería felicitarle y, cuando lo hizo, Rajoy le devolvió la enhorabuena por el grupo parlamentario que «habíamos conseguido». Ella le intentó explicar en cuestión de segundos que no era así, pero que ya hablarían porque evidentemente no era ese el momento.

Ese mismo día, comenzó una estrategia pragmática. Bajamos para las declaraciones de Rosa pertinentes, con la impaciencia de los medios de comunicación por ser el último partido político en salir. Nos retrasamos para asegurarnos de lo que íbamos a decir, pero el mensaje fue claro y directo, con una expresión de júbilo por los cinco escaños conseguidos, por ser la tercera fuerza política en varias circunscripciones, a pesar de una ley electoral que considerábamos injusta por castigar con desigualdad según el lugar de España en el que votaras.

En los días siguientes, la portavoz diría que UPyD se merecía un grupo parlamentario propio; era injusto que el partido fuera castigado doblemente por la ley. Con más de un millón ciento cuarenta mil votos, cuatro veces más que el PNV o el doble que CiU, ellos tenían grupo propio con cinco y dieciséis escaños respectivamente, mientras nosotros, no. El mensaje cuajó en los medios de comunicación; se hablaba de una ley injusta que generaba desigualdad. Había que perfilar la estrategia a medida que se analizaba la situación. Amaiur, la nueva marca blanca de ETA, que consiguió presentarse gracias al bipartidismo, logró un resultado electoral notable, con siete diputados en el País Vasco y Navarra. Ellos, al no presentarse a nivel nacional, debían cumplir el requisito del 15 % en cada una de las circunscripciones a las que se presentaban. Sin embargo, en Navarra se quedarían a las puertas del límite del 15 %; fue un caso similar al nuestro.

Empezaron los contactos con el Partido Popular. En primer lugar, sería con la portavoz del Congreso hasta el momento, Soraya Sáenz de Santamaría. Acompañé a Rosa hasta la puerta mientras elucubrábamos sobre qué nos dirían. Dentro, además de la mano derecha del futuro presidente del Gobierno, estaba su persona de confianza: José Luis Ayllón.

Según Rosa, el encuentro fue distendido, con la percepción de ser receptivos y con la certeza asegurada por los populares de que nos tratarían igual a un partido constitucionalista que a los batasunos.

Se acercaba el día de la constitución de la Mesa del Congreso de los Diputados y había que mover ficha. En las quinielas salía como presidente de la Cámara Baja, Jorge Fernández, del PP. Rosa abrió de nuevo el canal de comunicación con los populares y llamó al futurible presidente del Parlamento, que le atendió con buenas palabras. Al final, habló Rajoy e impuso a Jesús Posada como presidente, y Celia Villalobos, vicepresidenta. Para entonces, pedimos un nuevo encuentro con el Partido Popular, con el que sería el supuesto mandamás del Congreso, Jesús Posada. Aunque fuera un cargo institucional, se comportaba igual que si fuera del partido. De nuevo, la acompañé hasta la puerta y, tras esperar unos minutos, entró. Al salir, comentamos de nuevo la situación: las conclusiones que sacaba es que el PP era tibio con nosotros. Tenían un discurso de cara a la opinión pública y en el vis a vis prometían tratar de manera desigual a los *abertzales* que a nosotros. Por si había alguna duda, Alfonso Alonso, quien sería el portavoz del grupo parlamentario popular en el Congreso, declaraba públicamente que tratarían a todos por igual.

Aparte de la falta de claridad, nos cercioramos de que Jesús Posada no mandaba en el Congreso, ni dentro de su partido, pues insistía en que habláramos con Alonso para decidir qué hacer respecto a nuestro caso. Por otro lado, los populares no tendrían inconveniente en que tuviéramos que ser prácticos y fuéramos en contra de nuestro propio discurso cuando en la IX legislatura criticamos el préstamo de dos diputados del BNG a Ezquerra Republicana e Izquierda Unida para cumplir los requisitos y formar temporalmente un grupo parlamentario que se disociaría a los pocos días.

No tener grupo parlamentario era estar muerto para nosotros, significaba no tener presencia como los grandes ni voto en todas las comisiones; volver al Grupo Mixto era estar en el fango. Pusimos la maquinaria a trabajar y cambiamos la estrategia en cuanto vimos que nos dejarían sin grupo si era necesario igualarnos a Amaiur.

Convocamos una rueda de prensa en la que Rosa anunció que UPyD tendría grupo parlamentario sin importar el coste.

Antes, contactó con Álvarez Cascos, presidente del Principado de Asturias y de FAC (Foro de Ciudadanos), escisión del PP. Fueron pocas palabras, sobreentendida la situación y con un entendimiento pleno. El partido de Álvarez Cascos tenía el porcentaje suficiente para que UPyD sumara el 5 % a nivel parlamentario y, por ende, tuviéramos grupo sin depender del nuevo Gobierno ni de Posada.

Se resolvió en tres llamadas. De esas conversaciones, tuve uno de los días más peculiares dentro del partido. En cuestión de horas, se moverían todas las fichas. Rosa comía con Nicolás Redondo hijo, mientras se levantaba de la mesa para darme las instrucciones claves y decirme que contactara con el diputado electo de FAC, Enrique Álvarez Sostres, para firmar su asociación al grupo parlamentario de UPyD. Tuvimos problemas de cobertura; yo me levanté de una mesa de más de diez compañeros disimulando con alguna excusa y dejando la *pizza* en la mesa. En cuanto tuve el contacto, llamé a Enrique, que ya había recibido también las órdenes superiores pertinentes. Fue tan secreto que ni el mismo diputado podía preverlo. El buen hombre estaba ya en el aeropuerto: si cogía el vuelo, no nos daría tiempo a constituir el grupo, así que canceló el viaje de vuelta.

Cogí corriendo un taxi. Quedé con el diputado en la terminal 4 del aeropuerto de Barajas, en el vestíbulo de llegadas. Recogí el documento a firmar en el despacho, cogí un taxi y me bajé en la entrada de un *parking* vacío, de traje, como si estuviera en una película de espías, versión española.

Al encontrarnos, entablamos una conversación agradable, no nos conocíamos y al vernos bromeamos que solo nos faltaba preguntarnos qué ropa llevaríamos puesta para el encuentro. Firmó en la sala de espera en medio de la salida de viajeros; me fui de nuevo en taxi. Esas dos carreras en taxi significaban cientos de miles de euros en subvenciones. Quedé con Rosa para planificar los siguientes pasos.

Esperábamos una llamada del PP, que se hacía eterna y que nunca llegó. Esperábamos que nos dijeran simplemente a qué atenernos, una posible y breve conversación madura y sincera. Ya con las ascuas apagadas, Rosa movió hilos con una rueda de prensa desviando la atención sobre la constitución del grupo parlamentario, pues el procedimiento que tanto habíamos criticado en el pasado era el que estábamos aplicándonos.

Así, al día siguiente de constituirnos como grupo, dimos de nuevo una rueda de prensa mientras registrábamos el documento en el Congreso con la figura asociada de Sostres. La portavoz resaltó la indignación que tenía por habernos querido tratar igual que a Amaiur. Con Sostres en el grupo, nos quitábamos del medio del debate, y dejábamos vía libre a la Mesa del Congreso para que tuviera que aplicar el reglamento a rajatabla con los *abertzales*.

Fue una jugada maestra. Nuestro discurso provocó un giro de ciento ochenta grados y el efecto no pudo ser mejor. Una noticia negativa se contrarrestó con otra positiva. Al mismo tiempo que Rosa anunciaba que habíamos llegado a un pacto con FAC, arremetía pidiendo la ilegalización de Amaiur, mediante una PNL que el PP y el resto de la Cámara votaría en los próximos meses, atrayendo el interés de los medios de comunicación y el resto de grupos parlamentarios. A CiU y PSOE se les vio el plumero rápidamente; el PP, con su nuevo presidente a la cabeza, no pudo ser más turbio, no se mojó lo más mínimo, intentando contentar a su electorado y aplazando el debate de nuevo. Pero lo más importante es que no se hablaba de nuestra contradicción.

Fue una lección de pragmatismo político; posiblemente una de las mejores maniobras políticas que había vivido desde que el partido existía. Al día siguiente, era portada del diario *El Mundo* y previamente estaba en todos los digitales. La noticia principal había pasado a ser nuestra propuesta de ilegalización de Amaiur, quedando la coalición con FAC en segundo plano. Aprendí una lección múltiple por su sobredosis de realismo político, con una ejecución implacable, marcando cada uno de los tiempos. Sencillamente, sobresaliente.

El motín de los despachos: la profesionalización del gabinete

Con grupo parlamentario propio, pasamos a tener presencia en todas las comisiones y nuestra estructura tendría que asumir un crecimiento radical para dar cobertura a todas las necesidades esperadas.

No lo habíamos hablado previamente hasta que tuvimos grupo, y Rosa me responsabilizó para llevar a cabo el crecimiento y la estructura del gabinete. Exporté el modelo de estructura basado en el asistente técnico parlamentario que había aprendido en el Parlamento Europeo, capaz de llevar secretariado, asistencia y asesoramiento parlamentario, complementando el equipo con una secretaria administrativa general, área jurídica, departamento de prensa y con el departamento de comunicación del partido. Al tiempo, introduje la importante cantera de universitarios en prácticas. Ahora sé qué áreas priorizaría de cara a un nuevo equipo y cuál echamos en falta, como el *marketing* político o la gestión de crisis.

Lo más importante era hacer equipo y que estuviera compuesto por los mejores. La máxima dentro del equipo era que el gabinete estaba para solucionar problemas; mientras otros los pueden crear, nuestro objetivo era solucionarlos sin importar la procedencia. Empezamos a hacer procesos de selección abiertos, publicados en la página web para cualquier persona que quisiera sumarse al proyecto. Este tipo de procesos para formar equipos provocó reticencias que hubo que limar, pero a la larga los resultados dieron un mayor crédito al personal contratado y al trabajo. Me terminé responsabilizando de otros procesos en el Parlamento Vasco, Parlamento Europeo, sede nacional, campaña, etc. Siempre había gente que tenía conocidos para el puesto, algunos de peso, y siempre contestábamos lo mismo, que enviaran el currículum y lo trataríamos igual de bien que al resto. En caso de dudas entre varios candidatos, siempre optaba por aquel que tuviera un compromiso mayor con el proyecto; si no, la prioridad siempre era conseguir a aquel con mayor involucración posible. Hubo un crecimiento exponencial de personas: entre los diputados y el gabinete, llegamos a sumar diecinueve personas, además de más de veinte grupos con los que trabajábamos todas las semanas.

Recuerdo con añoranza la iniciación con Toni, Álvaro e Irene en el despacho todavía del Grupo Mixto, acercándonos a la vida parlamentaria y cómo Toni en directo dejaba por teléfono su anterior trabajo por incompatibilidad horaria. Hubo que formar a todos los técnicos y establecer protocolos de funcionamientos para que la correa de transmisión funcionara y todos supieran cuál eran sus funciones y responsabilidades.

En el departamento del Congreso residía la principal carga del partido; eso significaba más recursos y mayores responsabilidades. Mientras crecíamos, íbamos asumiendo otras funciones no parlamentarias, como la comisión de enmiendas del partido, con el I+D+i de una herramienta informática que canalizaba todas las propuestas de los afiliados y simpatizantes para los programas electorales, o el soporte a los cargos públicos del resto de las instituciones.

A los pocos días, nos trasladamos del Grupo Mixto a la ampliación II, más cerca del hemiciclo. Me tocó negociar los despachos con Toni y la recién nombrada vicepresidenta de la Cámara. Después de varias reuniones, creo que no lo hicimos bien del todo; teníamos en proporción menos metros cuadrados que los demás grupos.

Me tocó distribuir los despachos entre los diputados y el personal. Las decisiones, basándome en criterios profesionales, provocaron una especie de motín al intentar separar a compañeros, crear una estructura de departamentos y limar malos vicios. Esta decisión no gustó, hasta tal punto que tuvo que intervenir Rosa para darme el apoyo necesario y ratificarme en el puesto. Yo no había pedido ayuda, pero agradecí enormemente su respaldo e intenté solucionar el conflicto solo. Pasé mi primera noche sin dormir por cuestiones de trabajo. Al día siguiente, notaba como la rabia corría por mi sangre. Con una mano izquierda irreconocible, hablé con cada uno del equipo hasta reconducir la situación.

En conclusión, extraía varios aprendizajes de aquella violenta situación.

Todo había cambiado drásticamente por el aumento de personas y por las nuevas responsabilidades. Tenía que discernir entre compañero y jefe para que no hubiera malentendidos innecesarios.

Cada vez que asumía más responsabilidad y tenía más personas a mi cargo, resultaba más difícil tomar decisiones: intentaba mantener mi criterio propio y contentar a todo el equipo.

La confianza en uno mismo pensando que estás haciendo lo que debes es básica para afrontar momentos críticos, pero si se refuerza con el apoyo de tu jefe, crea una seguridad fundamental para afrontar los problemas y tomar decisiones polémicas.

Si algo no funciona bien, afróntalo y cámbialo. Divide y vencerás.

Un voto, un principado

El 25 de marzo de 2012, se celebraron las elecciones autonómicas en Asturias y Andalucía con aspiraciones de conseguir representación en ambos parlamentos. Sin embargo, el resultado fue dispar: mientras que en votos crecíamos en el norte y en el sur, la ley electoral nos dejaba a las puertas de la Junta de Andalucía, pero en Asturias no solo entrábamos, sino que además éramos decisivos. Los diputados, tanto de la suma de formaciones de «derechas» —Foro y Partido Popular— como de «izquierdas» —PSOE e IU—, sumaban veintidós escaños. Ninguno de los dos sumaba mayoría para constituir gobierno y el único escaño conseguido por UPyD determinaba la balanza.

El foco mediático se colocó de manera natural sobre nosotros, con la incógnita de a quién daríamos el apoyo. Las negociaciones se gestaban a distintas escalas.

En cuanto se hicieron oficiales los resultados, Rosa cogió carretera y presentó una rueda de prensa junto con Nacho Prendes, recién elegido diputado por UPyD en el Principado. Comunicaron que estábamos abiertos a escuchar propuestas de los distintos partidos, pero que solo pactarían políticas de bloques (ni cargos públicos como senadores, ni puestos de confianza, ni entrar en el Gobierno…), algo que pocos creían cuando lo decíamos. La negociación la llevaría Nacho, que, además de diputado, era miembro del Consejo de Dirección, pero Rosa era partícipe de la estrategia.

De hecho, algunos compañeros fuimos testigos directos de cuál sería la estrategia: disfrutar del foco mediático y exigir y poner por escrito las políticas que comprometiesen al nuevo presidente del Principado, en aras de la transparencia y con la finalidad de hacerlo público sin pedir nada más a cambio.

En las reuniones con FAC (Foro), PP y PSOE, se quedaron descolocados. Los encuentros iban allanando el camino: Foro y PP, como dos hermanos encabronados, no querían ni tenían la intención de entenderse. El PSOE, con Javier Fernández como candidato, se perfilaba como presidenciable. Conseguimos varios compromisos notorios: se estudiaría la reforma electoral para que fuera más igualitaria, la fusión de municipios y una comisión de investigación del llamado caso Marea sobre indicios de corrupción del anterior Gobierno del PSOE.

Dijimos que si no cumplían estos compromisos, dejaríamos de prestar nuestro apoyo. El partido de Cascos nos ofreció entrar en el Gobierno, pero nunca fue nuestra intención. Al entrar, forzamos el consenso en la cámara para que estuvieran todas las fuerzas representadas en la Mesa del Parlamento, bajamos sueldos y dotación para el personal de confianza, así como la renuncia a coches oficiales. A pesar de ello, cometimos errores como dejarnos fotografiar con el equipo de Nacho para dar pie a todo tipo de ataques.

> La estrategia se cumplió perfectamente: tuvimos el foco durante bastante tiempo y llevamos a los partidos en la negociación hacia nuestro terreno, haciendo un tipo de política inusual, transparente y comprometida. Avanzó la legislativa y, en cuanto el Gobierno asturiano reculó con la reforma electoral a la que se había comprometido, aludiendo que necesitaba que estuviera de acuerdo una gran mayoría, retiramos nuestro apoyo por coherencia y compromiso con los ciudadanos. La ironía convertiría al Partido Popular en el nuevo socio que sustentaría al PSOE en el Gobierno para el resto de legislatura. Se confirmaba que el bipartidismo se protegía en los momentos claves ante cualquier tipo de evolución o cambio del sistema.

El uso de querellas para hacer política y defender causas justas

En una reunión ordinaria del grupo parlamentario, cuando hacíamos al principio análisis de la situación política, se habló del escándalo de los afectados por las preferentes. Comentamos el perfil de personas, principalmente de la tercera edad, indefensas y estafadas, vulnerables ante los que tenían el poder económico; entonces, se pensó en voz alta que había que hacer algo. Por desgracia en España, las cajas de ahorro estaban politizadas por los mismos secuaces que los consejos de administración. Fue a Rosa a quien se le ocurrió la idea, mientras Andrés Herzog, alias el Secre, por su puesto de secretario general del grupo, miraba con asombro por la que le podía caer encima.

Esta táctica de querellarse se terminó convirtiendo en una estrategia para el partido, para defender el interés general y luchar por las causas justas. Llegamos a involucrarnos en más de veinte causas judiciales. Sin duda, la más conocida, fue la querella a Bankia, presentada el 11 de junio de 2012, pero que el juez Andreu tardó un año en admitir a trámite (el 10 de junio de 2013). Otras fueron también relevantes, como contra Artur Mas por su convocatoria ilegal de referéndum; contra Pujol; los nombramientos politizados de cargos en el Consejo de Seguridad Nuclear o del vicepresidente del Supremo; la privatización de la sanidad en Madrid; los famosos cursos de formación en Andalucía; la compra de noticias por parte del Gobierno en el País Vasco; la independencia del Consejo del Poder Judicial; la destrucción de los discos duros de Bárcenas; Caja Segovia, Caja Burgos, Banca Cívica, etc.

Esta ardua y costosa tarea se encomendó a Andrés, que tuvo que reforzarse con un abogado que introdujimos en plantilla, Jorge Alexandre. El mérito fue de ellos. Calculamos que nos pudimos gastar en los tribunales en torno a los doscientos sesenta y cinco mil euros, que para nosotros significaba un gran esfuerzo económico.

Recibimos críticas por llevar a cabo estas acciones, desde que buscábamos protagonismo o rédito que no conseguíamos haciendo política hasta que nos estábamos convirtiendo en un bufete de abogados en vez de un partido político.

Dio fe que lo hicimos por una cuestión de principios y de oportunidad. En palabras de Andrés: «Ante un sistema que deja mucho que desear en calidad democrática, solo queda, desgraciadamente, la vía judicial». Como partido institucional y nuevo, pensábamos hacer política en el Parlamento y en la calle, pero si lo que fallaba era la calidad del Estado, mediante la Fiscalía, la Abogacía y otras instituciones como el FROB, la CNMV o el Banco de España, que debían haber cumplido sus funciones de control de los consejos de administración de las cajas, haríamos política en los juzgados.

Lejos del protagonismo, se continuó con las principales querellas incluso en nuestros peores momentos. El rédito electoral fue casi nulo; quizás habría que analizar el caso de Caja Segovia, al ser la única capital de provincia en la que crecimos y conseguimos concejales coincidiendo con la acción judicial.

Lo cierto es que con este tipo de acciones topábamos con el *establishment* y eso tiene sus consecuencias. Nos enfrentábamos tanto a los poderes políticos como económicos o sindicalistas. Con la querella a Bankia, señalábamos directamente la corrupción de un consejo de administración con Rodrigo Rato a la cabeza, que conseguimos que entrara en la cárcel, pero además con los principales partidos políticos del momento, sindicatos mayoritarios y la patronal en el pasteleo.

Poca gente relacionaba a UPyD con el caso Bankia, con Rato o las tarjetas Black (aunque estas originariamente vinieran del Partido X). Bastantes medios de comunicación, conscientes de quién era el defensor de los miles de afectados y estafados, obviaban mencionarlo o no le daban el protagonismo necesario. Debía de haber directrices porque todos tienen dueños y nosotros nos habíamos enfrentado directamente con ellos.

> Usamos las querellas para combatir la corrupción y las injusticias provenientes del abuso del poder político, donde en principio no podíamos llegar con la actividad parlamentaria.
>
> Abrimos una línea y no le sacamos el provecho necesario para los recursos que invertimos. Con el tiempo, nos dimos cuentas de que también tuvimos fallos propios y no supimos sacar réditos a las

acciones. Era tan sencillo como haber cogido los datos de todos los afectados con los que nos mezclábamos para ir informándolos e involucrándolos en UPyD . Nos falló el *marketing* y la comunicación. La estrategia para rentabilizar las acciones tenía que haber sido completamente distinta, enfocada al contacto directo con los afectados, a la difusión y a entrar en contacto con el *establisment* para explicar que no queríamos inmolar la situación, sino limpiar la corrupción.

Lo que quedaba de manifiesto es que gracias a UPyD se podía conservar la esperanza en la justicia y que se consiguieran grandes logros, como que los afectados por las preferentes recuperaran su dinero.

¡Espanya ens roba!

La deriva nacionalista de más de treinta años de democracia llegó a otro punto álgido con CiU abanderando el independentismo y poniendo en tela de juicio la Constitución Española. El órdago nacionalista catalán estaba echado y el Partido Socialista estaba desubicado, se fragmentaba paulatinamente en su interior mientas que la ramificación del PSC buscaba su propia identidad sin éxito en el conflicto catalán. Por el contrario, el Gobierno seguía sin dar una respuesta contundente al chantaje nacionalista y seguía incumpliendo sus promesas electorales.

Para noviembre de 2012, el presidente de Cataluña había convocado elecciones adelantadas apoyándose en la «impresionante» manifestación de la Diada en favor de la independencia y el no pacto fiscal que había buscado con el Gobierno central: «Ha llegado la hora de ejercer el derecho a la autodeterminación[19]», decía en su discurso de final de legislatura.

Como seña de identidad, nos habíamos posicionado radicalmente en contra de los nacionalismos e independentismos; entendíamos que en una era de globalización y de apertura de fronteras, algunos dirigentes se empeñaban en la secesión para esconder su mala gestión y sus grandes corruptelas. La idea de romper un país con sus consecuencias sociales, económicas y culturales, proclamando que

---

[19] «Ha llegado la hora de ejercer el derecho a la autodeterminación», *rtve.es*, 25 de septiembre de 2012 en http://www.rtve.es/alacarta/videos/noticias-24-horas/mas-llegado-hora-ejercer-derecho-autodeterminacion/1535943/.

estaban por encima de la ley, nos recordaba a lo peor de los regímenes de la historia. Nos enfrentábamos a un intento de desgarro de convivencia entre conciudadanos llevado por una maquinaria propagandística que utilizaba la identidad, la lengua, la tergiversación de la historia y la opresión del Estado español para separar.

Desde los orígenes del proyecto, había participado haciendo cortometrajes propagandísticos. En un principio, con Guzmán, antiguo miembro de la dirección, como el Brico Truco UPyD, el voto secreto o el aniversario del diputado al que Rosa le había quitado el escaño. Antes de comenzar el Pleno por la tarde, entre Sergio López, técnico parlamentario del gabinete del Congreso, Jesús Prieto, de audiovisuales, y Toni Cantó, retomamos la idea de ese tipo de vídeos para llamar la atención y entrar en escena ante unas elecciones en las que nuestro espacio estaba ocupado por otro partido.

Nos reímos haciendo un *brainstorming* con chorradas varias, una supuesta reunión nacionalista antes de la invasión ficticia de militares en Cataluña, otra basada en el fútbol, hasta que se nos ocurrió la escena de los Monty Python de *La vida de Brian* en la que se plantean en una reunión clandestina qué les han dado los romanos a los judíos. Me vino a la cabeza porque días antes me contaron que mi sobrino de tan solo once años se la había aprendido de memoria.

Ahora tocaba lo más difícil, que era sacar adelante la idea. De camino a la sede junto a Rosa, le comenté que quería «vender» una idea al responsable de vídeos. Tras presentar la idea, me preguntó qué tal me había ido, y entonces se la comenté. Queríamos poner en evidencia las falacias del nacionalismo utilizando la ironía y el humor. Compró la idea al momento, y enseguida se involucró para dar la clave y matizar el mensaje. Yo pensaba en nombrar ideas como la Constitución o la UE, y ella lo llevó a un plano más tangible como el *port* de Barcelona, la corrupción, el AVE... Con dichas aportaciones y un buen equipo, terminamos de dar forma al guion. La idea no solo estaba vendida, sino respaldada por Rosa. Solo faltaba que apareciera Toni; de eso se encargaría él mismo y otros actores famosos que se quisieran involucrar.

Dos días después, grabaríamos un corto con Ignasi Vidal, Miguel Hermoso, Toni Cantó, miembros del gabinete del Congreso y afiliados por un coste de trece euros, que fue lo que pagamos por una estelada. En verdad, el coste sería mayor contando que éramos empleados, pero la involucración de todo el mundo en el proyecto hacía que lo hiciéramos con ilusión y en nuestro tiempo libre. Pasamos un buen día de rodaje, fomentando el compañerismo en casa de Toni, que habría sido perfecto si no hubiera sido por aquel arroz que nos dio.

Lo titulamos *Reunión clandestina del Frente de Liberación de Cataluña*[20]. Sin saber el alcance que podría tener el vídeo, tocamos la fibra y, como dijo Rosa: «Se acabó el recreo»; habíamos entrado de lleno en campaña. Tuvimos más de doscientas mil visitas en menos de veinticuatro horas, un millón doscientas mil visitas en una semana, el vídeo más visto en España en el canal de YouTube durante una semana y el más popular de la historia de UPyD. Eso sin contar las reproducciones en el resto de redes sociales y, lo más importante, que no hubo televisión nacional que no emitiera el vídeo en horario de máxima audiencia, como en los telediarios.

La idea fue un acierto. Comparto la matización que *a posteriori* hizo Sergio: hubiera sido más impactante sacarlo en mitad de campaña, pues se amortizó el efecto antes de que acabaran las elecciones aunque, de todas formas, nosotros estábamos fuera del mapa electoral en Cataluña.

Nos constituimos como el *komité*, que no era otra cosa que cuatro compañeros que tenían buena relación que se reunían con la intención de idear vídeos propagandísticos. Hubo más ideas buenas y otras no tanto, que, sin embargo, nunca vieron la luz, aunque tendían a ser virales igualmente.

Qué aprendí:

Con el vídeo tocamos la flauta por casualidad. Es verdad que la suerte hay que trabajarla, la idoneidad de la idea, la ubicación y el momento preciso, así como la capacidad para sacarla adelante. Otro

---

20 https://www.youtube.com/watch?v=OvQcCZGLFeQ.

factor es la voluntad; en este caso la hubo: en las siguientes propuestas que no salieron se quería evitar banalizar la imagen de Toni y la del partido. A mi juicio, hubiera venido bien para sacar una visión más jovial de un partido que se estaba encasillando institucional y formalmente.

La gente nos dijo que le gustaba la idea de divertirte con la política; el vídeo por sí solo llamaba a la viralidad en redes sociales. En general, todo el mundo estaba cansado de tantas malas noticias y del secesionismo catalán: proporcionábamos humor mientras hacíamos una crítica y nos posicionábamos contra la independencia.

El triple rechazo de los leones al independentismo

Hubo que luchar contra la tiranía moral de los separatistas, que obligaban a la gente a sentirse extranjeros en su propia casa. Por eso, lo mejor era traer el debate al foro de la confrontación de las ideas y palabras, el foro político al que se resistía llevarlo el Gobierno y la gran mayoría de partidos que miraban hacia otro lado: al Congreso de los Diputados.

El 28 de octubre, UPyD incomodaba con una moción a los partidos políticos para que se pronunciasen sobre el proceso independentista en el Congreso[21]. Se debatía entre la libertad para poner urnas, encubriendo el Estado de derecho, frente a la tesis de poder decidir entre todos los españoles el futuro de España.

CiU echó en cara al Gobierno que UPyD les marcara la agenda. Se evidenció como un pequeño grupo parlamentario podía condicionar e incluso liderar la agenda política representando los intereses y el posicionamiento de una gran mayoría de ciudadanos frente al bipartidismo, que se mostraba incapaz arrastrando sus propios lastres.

Oficialmente, la soberanía popular dijo no al Gobierno catalán en su empeño secesionista. Fue una victoria para UPyD, pero sobre todo para los intereses de todos los españoles, que pensaban que

---

[21] «Incomodidad en los partidos al forzar UPyD una votación sobre Cataluña». *Elpais.com*, 20 de octubre de 2013 en http://politica.elpais.com/politica/2013/10/28/actualidad/1382987074_131005.html.

mejor es estar juntos que separados y que en democracia las reglas, aunque no te gusten, están para cumplirlas, porque afectan a todos por igual mientras garantizan derechos y libertades.

En febrero de 2014, se volvería a reabrir el debate de nuevo por insistencia de UPyD. En este caso, por si no le había quedado claro al nacionalismo, el 85 % de la Cámara se pronuncia a favor del rechazo al plan secesionista de Artur Mas[22].

De nuevo, se proclamaba que una parte de la ciudadanía no podía decidir sobre la organización territorial del Estado y que ninguna autoridad o poder público tenía el derecho a privarnos de los derechos y libertades que la Constitución Española reconoce a todos los españoles, remarcando que nadie está por encima de la ley.

En abril de 2014, el Parlamento de Cataluña traería para debatir al Congreso la Proposición de Ley Orgánica de delegación en la Generalidad de Cataluña de la competencia para autorizar, convocar y celebrar un referéndum sobre el futuro político de Cataluña. En esta ocasión, se dio el estatus de gran debate y se permitieron tiempos más que suficientes para que todo el mundo se explayara. Tras largas horas de debate, se terminó rechazando por la gran mayoría parlamentaria: doscientos noventa y nueve votos en contra frente a cuarenta y siete a favor y una abstención.

La insistencia por nuestra parte de combatir al nacionalismo era proporcional a los propósitos del mismo. El 9 de noviembre, día que tuvo lugar el referéndum ilegal, UPyD denunciaba a Artur Mas como máximo responsable de aquel acto de secesión y desafío al orden constitucional. Mientras otros miraban hacia otro lado o invitaban a irse de fin de semana para no participar, UPyD buscaba las herramientas del Estado para combatir el desafío, marcando de nuevo el camino a la Fiscalía. Querella que más tarde hubo que retirar por cuestiones económicas después de los varapalos electorales. No obstante, fue útil; el 29 de septiembre, dos días después de las elecciones autonómicas catalanas que los independentistas tacha-

---

[22] «El Congreso rechaza el plan soberanista de Artur Mas con el 85 % de los votos». *Elpais.com*, 20 de febrero de 2014 en http://politica.elpais.com/politica/2014/02/20/actualidad/1392888305_589682.html.

ron de plebiscitarias, Artur Mas sería imputado por la convocatoria ilegal de referéndum del 9 de noviembre.

Recuerdo uno de los últimos discursos de Rosa en la chapucera propuesta exprés del gobierno del PP para la reforma del Tribunal Constitucional el 1 de noviembre de 2015, sentenciando a los nacionalistas diciendo: «A los que se quieren saltar la ley, la ley es la democracia».

Daba igual que se rechazara hasta tres veces el proceso independentista desde el punto de vista democrático porque el nacionalismo había decidido mantener su estrategia por encima de la ley, posiblemente para tapar las incapacidades políticas de una Cataluña deprimida, que se estaba arruinando, llamando a la desobediencia y poniendo toda la maquinaria económica, propagandística a su servicio aunque discriminara a los ciudadanos catalanes contrarios a la independencia y al resto de los españoles con los que comparten Constitución.

Qué aprendí:

El Gobierno de España se equivocaba al querer evitar el debate público. La falta de liderazgo del presidente para abarcar el problema y buscar una solución daba fuerzas al independentismo. Los problemas solo se pueden solucionar afrontándolos y en política no es diferente.

Después de tantos debates, a pesar de que el asunto catalán terminaba resultando reiterativo, nunca había que darse por rendido. En su último gran discurso, Mitterrand lo dejó claro: «¡El nacionalismo es la guerra!». Da igual que se camufle democráticamente, es incansable, destructivo socialmente por el empeño del egoísmo y la separación. Sin embargo, ceder ante esa sensación abrumadora es lo que ellos buscaban, desgastar y que nos rindamos superando todo tipo de trabas y legalidad. Entonces te das cuenta de que se empieza por ceder en el interés general y se continuará en el particular. Por eso siempre hay que lucharlo sin cesar.

El arte de la negociación

Para que una iniciativa tuviera éxito, lo normal era negociar con el grupo mayoritario que sostenía el Gobierno. Si encima esta mayoría era absoluta, como en la X legislatura, esta tarea se convertía en obligatoria. Así proponíamos pactos en los pocos temas en los que el Partido Popular era sensible o intentaba dar una imagen, como en la lucha contra el terrorismo. En cambio, cuando la iniciativa no era del agrado del Gobierno, intentábamos aglutinar a la oposición para reflejar la soledad del Gobierno en un parlamento plural. Existía un tercer supuesto: en notables ocasiones, el bipartidismo se presentaba intransigente a la negociación, insultante y enfadado en el discurso; entonces sabíamos que íbamos por el buen camino, aunque nos quedáramos en minoría absoluta en la votación. Como en la reforma de las cajas de ahorros o la supresión del cupo vasco y navarro.

Con la práctica, percibí la técnica y la importancia de la palabra escrita. Al ser iniciativa nuestra, siempre había que demostrar la capacidad de liderar. Los grupos mayoritarios enmendaban al completo tu iniciativa, sin importar el contenido, demostrando el poderío e introduciendo su discurso, a veces copiado directamente del programa.

Sin embargo, cuando les interesaba la propuesta, como en la moción de UPyD contra la falacia del derecho a decidir, llamaban para intentar llegar a una negociación. Según el grado de importancia, mandaban a un diputado raso, al portavoz del grupo e incluso sin disimular desde el mismo Gobierno. Es curioso que en el caso de *la falacia del derecho a decidir* al ser atinada en sentido común, sencilla y clara en su escritura, no se aceptó ninguna enmienda de los grupos mayoritarios y ambos terminaron apoyándolo a regañadientes y con bastantes problemas. Hubo escisión en el grupo socialista, y los diputados catalanes se abstuvieron frente al apoyo del resto de sus compañeros de grupo. Rubalcaba salió a dar explicaciones, cosa inédita, y proclamó enojado que esto no volvería a ocurrir, señalando a UPyD como responsable de sus desgracias.

En cuanto llegaban las propuestas de enmiendas, las imprimía y las veía con Rosa para estudiar sobre qué se podía construir para atraer a otros grupos parlamentarios a la negociación, aceptando parcialmente el espíritu de su enmienda. La práctica habitual cuando negocia el Gobierno, era la defensiva, rebajando los compromisos y difuminando las propuestas en caso de ser aprobadas. Una vez hacíamos el mapa, tocaba escribir la contrapropuesta, meticulosa, para que no fuera papel mojado, para forzar el compromiso y la seriedad del asunto.

Era normal jugar a propuestas de máximas y terminar llegando a un acuerdo después de pasar la enmienda de tejado en tejado durante todo el día hasta la hora de la votación. Trucos y técnicas que con el hábito se iban aprendiendo de todo un arte.

> Aprendí que siempre era mejor negociar que ser purista en una iniciativa, pero cuando sobrepasaban líneas rojas, lo mejor era quedarse solo. La virtud se basaba en ser coherente, flexible y con la visión en mente del mensaje político que querías dar.

II Congreso de UPyD: la calma antes de la tempestad.

Tan solo dos días después de romper el pacto en Asturias, se celebró el II Congreso de UPyD[23]. El bipartidismo entraba en una crisis sin precedentes y, después de todo el trabajo, nuestro partido aspiraba a estar en lo más alto.

A nivel interno, se presentaba sumamente fácil, demasiado calmado para un congreso, al no alzarse ninguna otra candidatura al Consejo de Dirección como alternativa a la lista de Rosa. No obstante, hubo momentos que fueron sumamente comentados por las dimensiones de las palabras. Fernando Savater subió como invitado y presentándose como un simple militante de base, nada más lejos de la realidad por ser un referente único tanto externo como interno del partido, dejaba una reflexión con el final de su intervención que reabría el interminable debate sobre Ciutadans:

«En último término, yo creo que nuestro partido, que afronta hoy la necesidad de ser el partido vertebrador, un partido de la uni-

---

23 «UPyD ya aspira a gobernar e influir en las decisiones de los grandes partidos», *Elpais.com,* 3 de noviembre de 2013 en http://politica.elpais.com/politica/2013/11/03/actualidad/1383478669_179022.html.

dad ciudadana del país, debe también buscar apoyos en partidos semejantes. Por ejemplo en Cataluña, donde nosotros hemos tenido menos fuerza y quizás hemos rechazado la posibilidad de aunarnos con otras fuerzas similares a nosotros, en sus ideas, en sus planteamientos. La unión hace la fuerza. Hoy llega el momento en que, precisamente porque ya somos fuertes, estamos seguros de nosotros mismos y tenemos las ideas claras, no debemos rehuir por personalismos, o por cualquier otro tipo de cosas, el unirnos con grupos compartidos que compartan nuestras mismas ideas y que puedan multiplicar el efecto de nuestros planteamientos».

Aquellas palabras inesperadas no sentaron bien. Se dijo que se malinterpretaron, pero la realidad es que hubo una parte importante de delegados que aplaudieron efusivamente. Era la calma antes de la tempestad. El mismo filósofo se echó a las espaldas la responsabilidad de lo que acontecería en los siguientes meses.

«A veces, casi siento que tengo la culpa porque yo fui el primero en lanzar la idea de la unión con Ciudadanos...[24]».

Ese mismo día, Rosa hacía soñar al resto del partido:

«Hemos hecho una tarea muy importante para preparar el partido para gobernar, para ser un instrumento de gobierno, no dentro de mucho, sino dentro de muy poco tiempo», proclamó Rosa en su discurso de clausura.

Por lo demás, todo el partido se volcó para que saliera bien. A excepción de un par de enmiendas que sacaron adelante algunos jóvenes, todo fue demasiado bien comparado con el primero.

> La dirección, continuación de la anterior, siguió su camino para asegurar que los resultados fueran los esperados. El aparato trabajó en una estrategia acertada por parte de la dirección para promover a Paco Sosa como presidente del mismo Congreso, para mejorar su popularidad interna, que le venía francamente bien, y para proyectarlo de cara a las primarias de las europeas a las que se presentaría como cabeza de lista.

---

[24] «Savater: "A veces siento que tengo la culpa de la crisis interna de UPyD"», *Publico.es*, 24 de abril de 2015 en http://www.publico.es/politica/savater-veces-siento-culpa-crisis.html.

Mujer de Estado, la muerte de Adolfo Suárez

Adolfo Suárez hijo anunciaba que su padre moriría en las próximas horas, tiempo para que se preparase adecuadamente el funeral de Estado para el posiblemente mejor presidente de la democracia española. Era domingo 23 de marzo al mediodía cuando se anunció su fallecimiento. Protocolos del Gobierno y del Congreso se ponían en marcha con las dificultades preparatorias en un día festivo. Rosa me llamó a las ocho de la tarde para que me pusiera en contacto con protocolo por si había alguna novedad mientras ella intentaba lo mismo con el presidente del Gobierno. En treinta minutos se estaba desplazando a Madrid para venir el lunes a primera hora a la capilla ardiente, que estaría en el Salón de los Pasos Perdidos en el mismo Congreso, recibiendo los honores como el ya difunto Calvo Sotelo. No obstante, el velatorio duraría todo el día y gran parte de la noche, hasta el martes por la mañana, cuando el féretro partía hacia Ávila, donde el expresidente recibiría sepultura.

El lunes a las diez hubo un acto solemne presidido por los reyes. A las once se abrían las puertas para que los ciudadanos dieran su adiós a una figura querida y admirada por gran parte de la sociedad española.

Rosa no pudo evitar echar una mano para reorganizar a la familia, que por cuestiones erróneas de protocolo estaba de espaldas al «jefe», así lo llamaban ellos, y en contacto directo con toda la gente que entraba.

Tras un buen rato, subió a mi despacho, que en realidad era el suyo, aunque hubiera una placa con mi nombre, para descansar unos minutos. Convoqué a los diputados, que, en ese momento estaban en los despachos, y les planteó que había que estar todo el tiempo posible en el velatorio junto a la familia, en unos bancos reservados que había para autoridades. Ella predicaría con el ejemplo, excepto la hora de comer y un rato por la tarde en que le sustituyó Irene. Álvaro Anchuelo tenía sus dudas de que tuviera sentido aquello, pero se le despejó cuando acabo su «turno» y se dio cuenta del significado que tenía dicho gesto, incluso siendo él al que en el equipo bromeábamos llamándole el «diputado desconocido».

Rosa argumentaba que en realidad era para lo que habían venido, que no valía hacerse fotos e irse. Desgraciadamente, por su historia tenía experiencia fuera de lo normal en velatorios. Como mujer de Estado con un enorme sentido institucional, apoyó a la familia. Los familiares estaban gratamente sorprendidos y no pararon de agradecérselo por la noche y al día siguiente. No era para los telediarios, tampoco para otro tipo de prensa, creo que nadie lo recogió. Era sencillamente por la memoria de Adolfo Suárez, por el presidente que se encargó de consolidar la democracia.

Yo pasé dos veces como ciudadano frente al féretro; la primera solo después de acompañar a Rosa hasta el salón; la segunda, con mi hijo Yago, con apenas un año recién cumplido, porque quería contarle cuando fuera consciente que él fue partícipe de ese día tan importante, despidiendo a un personaje político símbolo de la democracia y, por lo tanto, de la libertad. Al pasar con Yago, la familia me llamó con un gesto para que me acercara. Me acerqué con mi hijo en brazos y le di las gracias a Adolfo Suárez hijo, al cual no conocía de nada. Le dije que quería contarle a mi hijo que él estuvo ahí.

Fuimos testigos de un hecho histórico, épico y solemne. Al abandonar el féretro del Congreso, las calles estaban abarrotadas de gente para dedicar su último adiós a aquel personaje político tan relevante. Al pasar, la gente gritaba: «¡Viva el presidente Suárez! ¡Viva!».

La lista de la fatalidad

Se acercaban las elecciones europeas de 2014 y el Consejo de Dirección confeccionaría las listas electorales, exceptuando el cabeza de lista, que sería elegido por primarias. Un proceso en el que el aparato, del cual de alguna manera yo formaba parte, pondría su maquinaria al servicio de la candidatura de Paco Sosa Wagner. A pesar de las cautelas por la debilidad del candidato a nivel interno, después de muchas llamadas y movimientos, salió acorde a los intereses de la dirección.

En las semanas posteriores, se completarían los cincuenta y cuatro candidatos que irían en lista; empezaba el baile de movimientos e intereses por conseguir figurar lo más alto posible. Recuerdo con especial detalle como uno de los candidatos que luchaba por un puesto real de eurodiputado se acercó a Rosa, cuando salíamos de un Consejo Político, para piropearla en voz alta y que toda la gente le escuchara: «¡Rosa! Yo estoy en política por tus besos». Hasta que se consigue el cargo público debería continuar la frase.

Otros siempre se posicionaron a la vera, sin crítica alguna. Se hacían pasar por personas de máxima confianza del núcleo duro para no generar ninguna suspicacia hasta convertirse en eurodiputados. Mientras tanto, en el silencio de algún momento del pasado, al amparo de Rosa Díez, se gestó el odio para, una vez conseguido el tan anhelado cargo público, traicionar el proyecto, a los afiliados y personalmente a Rosa.

Parece que todo tiene un límite menos en política. Otra candidata por UPyD echaba pestes de Ciudadanos, al que conocía bien por formar parte del movimiento que lo fundó, defendió públicamente el antitransfuguismo con el partido magenta y, una vez nombrada eurodiputada, vista la situación, volvió al partido naranja como tránsfuga, sin dejar el cargo.

Aquella lista, cargada de gente con experiencia y pocos jóvenes, una media de cincuenta y siete años entre los seis primeros candidatos, resultó fatídica. Creó quebraderos de cabeza a la dirección y fue otro condicionante para generar una mayor inestabilidad con las desgracias que irían aconteciendo. Las reacciones de algunos eurodiputados dejaban por los suelos la bajeza moral. Hemeroteca en mano, quedó claro que iban de «intelectuales consagrados» en busca de una jubilación millonaria.

Enseguida supe que en el debate que hubo para confeccionar la lista algunas personas del Consejo de Dirección me propusieron como candidato para que fuera en puesto de salida. Rosa contestó que a pesar de tener un perfil ideoneo era más conveniente para el partido que estuviera en mi cargo actual. Nadie me preguntó mi opinión, pero no me importó, pensaba que estaba en el sitio apropiado para seguir creciendo.

Qué aprendí:

El actual sistema para confeccionar las listas electorales crea un clientelismo dentro de los mismos partidos. En el caso de un proyecto emergente, con las debilidades que acarrea el crecimiento, en el momento en que dejan de ir bien las perspectivas electorales, se rompe esa armonía por falta de cuajo y espíritu de partido. Por el comportamiento se demuestra que una importante cantidad de personas perciben el partido como un medio para conseguir su único objetivo: un cargo público.

Se pone de manifiesto la dificultad de elaborar una lista, sobre todo para conjugar la democracia interna con llevar a las instituciones equipos compactos y preparados. En nuestro caso, Álvaro Anchuelo difícilmente habría salido elegido como número tres en unas primarias de toda la lista, pero no haber tenido un economista de su nivel en la X legislatura hubiese puesto las cosas muy difíciles a UPyD. En definitiva, es una selección de élites.

En un partido emergente sin recorrido, y teniendo en cuenta el tipo de personas que se acercan a un partido, hay mayor dificultad para conocer a los que terminan integrando las listas; existe un riesgo mayor, que puede tener consecuencias nefastas a corto plazo.

Hay que mantener lejos a los falsos aduladores porque sus intenciones se camuflan en sus palabras. Como diría Maquiavelo: «Quien mejor ha sabido imitar al zorro ha tenido más éxito»[25], y doy fe de que la política está llena de zorros sin ningún tipo de escrúpulos, con el único objetivo de medrar.

No hay alianza ni confianza que sea irrompible. Aunque es un tópico, no te puedes fiar de nadie.

Cualquiera puede ser cargo público, pero no todos deben serlo.

---

25 MAQUIAVELO Nicolás, *El Príncipe*, quinta edición, ediciones Temas de Hoy, 1997, Madrid, p. 103.

Los trapos sucios se lavan en casa

Es difícil de explicar la sensación que uno tiene en el cuerpo cuando contempla como actor principal el derrumbamiento paulatino del proyecto en el que inviertes tanta ilusión y dedicación. Desde que apareció el artículo de Paco Sosa en el diario *El Mundo,* se dieron una serie de hechos a los que no supimos dar respuesta hasta desembocar en una crisis galopante y desenfrenada.

El punto de inflexión lo marcó el resultado de las elecciones europeas de 2014. A pesar del crecimiento respecto a anteriores procesos electorales, los datos alcanzados por UPyD no fueron los esperados. La irrupción de Podemos, sobrepasándonos, y el ascenso de Ciutadans hicieron saltar las alarmas en pequeños círculos cercanos a la dirección. Un estudio de voto indicaba como casi el 30 % de nuestro votante se había decantado por otro proyecto llamado Podemos.

Sin embargo, a nivel interno, el 6,4 % que habíamos conseguido se intentó vender como un éxito, pero era evidente que nuevos actores habían entrado en juego y no quisimos reconocer a nuestra competencia directa.

El 19 de agosto de 2014, Francisco Sosa Wagner publicó un artículo en el diario *El Mundo*[26] acusando a la dirección de prácticas autoritarias y obstinados sectarismos. Nunca había hecho estas afirmaciones teniendo acceso directo al núcleo duro del partido, ni en los órganos internos de los que formaba parte. Se sucedió una concatenación de cartas publicadas en el mismo medio que abrió una crisis interna de una envergadura nunca vista en el partido. Se pusieron de manifiesto todos los errores estratégicos internos, uno de ellos clave en esta situación: la falta de gestión para encauzar cualquier crisis a una solución.

Comenzamos a sufrir una campaña contra el partido, contra Rosa como líder, promoviendo la unión con Ciutadans por el bien del país, intentando involucrar todo tipo de autores relevantes, mencio-

---

26 «Después de las europeas», Francisco Sosa Wagner, *Elmundo.es*, 18 de agosto de 2014, en http://www.elmundo.es/espana/2014/08/18/53f27368268e3edd658b458d.html.

nando continuamente como referente las palabras en el II Congreso de UPyD de Fernando Savater. Desde el discurso del filósofo había voces internas que también pedían un acercamiento. Era difícil controlar un movimiento que estaba respaldado por otros poderes fuera del partido.

Nos resultaba incomprensible que en mitad de agosto, cuando las noticias políticas son relegadas a un segundo plano, nos concedieran portadas a diario con nuestro eurodiputado, y jefe de delegación en Bruselas, despotricando contra Rosa de manera desproporcionada. En la misma dirección, hubo un movimiento similar en redes sociales y paulatinamente el discurso de la unión fue ganando peso en la sociedad española. Rosa se estaba ganando el derecho a no ser escuchada[27].

Las declaraciones de Paco Sosa y sus guiños continuos a Ciudadanos provocaron en septiembre un Consejo Político extraordinario que convocó la portavoz, Rosa Díez, para abordar la alianza con el partido de Albert Rivera. De nuevo se reabría en foro interno un debate falsamente cerrado y que, sin embargo, estaba más vivo que nunca a nivel externo. Aquel debate Sosa lo describió como un linchamiento, hubo adjetivos desproporcionados, pero la verdad es que fue incapaz de defender sus propuestas. La sensación generalizada era que los trapos sucios deberían lavarse en casa y en ningún momento, cuando publicó sus artículos, pensó en los afiliados que llevaban años trabajando en el partido como voluntarios para que saliera adelante el proyecto y él obtuviera su escaño. No dudo de su visión estratégica como hombre de Estado, pero sus palabras generaron un rechazo cuasi unánime por las formas de llevar a cabo su crítica destructiva. En palabras sabías: «Los malos modos todo lo corrompen, hasta la justicia y la razón»[28]. Fue una humillación lo que vivió, proporcional al daño que hizo al partido.

Es verdad que hubo discrepancias políticas con el hasta ahora eurodiputado; la dirección marcó su voto de abstención en la inves-

---

27 IGNATIEFF, Michael, *Fuego y Cenizas. Éxito y fracaso en política,* editorial Taurus, cap. 7, pos. 1693.

28 GRACIÁN, Baltasar, *El arte de la prudencia,* editorial Temas de Hoy, Madrid, 1993, p. 8.

tidura a Junker como presidente de la Comisión Europea, pero Paco Sosa y un irreconocible Fernando Maura votaron a favor. Además, tuve problemas a la hora de formar el gabinete del Parlamento Europeo que se me encomendó. Se percibió por parte de Paco Sosa como una intromisión y, a pesar de hacer un proceso abierto con anuncio en nuestra página web y más de trescientas candidaturas, se percibió como un control por parte del partido. Paco no compartió la propuesta de estructura con un secretario general o un jefe de prensa, ya que no entendía su necesidad. Al final, la cuerda se terminó de tensar cuando el partido supo y quiso controlar un monto que tenían los eurodiputados de cuatro mil euros al mes libres de facturación para mantenimiento del gabinete. La dirección impuso declarar públicamente sus gastos y devolver el resto a la institución, algo que nadie hacía y sigue sin hacer. Algunos argumentaban que se lo dan a sus empresas o que solo tienen un sueldo de 1800 euros; la verdad es que fue UPyD quien hizo ese ejercicio de transparencia y comenzó a publicar la existencia y el gasto de esa partida nada despreciable.

Para entonces, Sosa había sido relegado como jefe de delegación; sin confianza, en política, no hay responsabilidad que valga. Días después, dimitiría como eurodiputado.

La verdad es relativa, y cada humano tiene su razón; a Paco Sosa no le faltaba la suya propia: como alma libre, habló, y cuando no se le escuchó, se enajenó. Todos sus movimientos estaban marcados por un exceso de control por parte del partido. Mientras fue el único representante magenta en el Parlamento Europeo jamás hubo roce alguno. Fue una lucha de poder pura y dura. Adrián Álvarez, un buen compañero de León, y otra persona allegada, que perteneció al propio equipo del eurodiputado, ya nos lo advirtieron, pero no les hicimos caso y pagamos las consecuencias.

> Nos sobrepasó el tiempo. Hubo un cambio repentino, inesperado en la forma de hacer política al que no supimos adaptarnos. Las reglas del juego estaban cambiando y no éramos conscientes del nuevo marco basado en pactos y el *marketing* político.
>
> Con el paso del tiempo, es fácil analizar los fallos en las respuestas a los ataques recibidos. Ante un imprevisto ataque abierto contestamos con violencia en el mismo escenario sin llamar previa-

mente a filas al cargo público. No hubo voluntad para buscar una solución pactada por ninguna de las partes.

Los medios de comunicación tienen una estrategia marcada: mientras funcione a favor de tus intereses, ayudan a divulgar el mensaje y, en este caso, a crear la marca de partido. En el momento en que los aires cambian y deciden atacar un objetivo, las dimensiones de los daños son proporcionales al peso de quien golpea.

La inevitable negociación

En el Consejo Político se aprobaron unas bases para que la formación magenta negociara con todas aquellas fuerzas políticas que tuvieran puntos en común. En septiembre, se sentaron las dos direcciones de los partidos. No era la primera vez que de alguna u otra forma se habían reunido con C's. Albert Rivera había estado históricamente buscando la oportunidad de acercarse al proyecto. Por parte de UPyD, el hecho de existir un partido que el electorado percibía similar en Cataluña impedía una buena implantación, falta de crecimiento y, al mismo tiempo, nunca llegaba a cicatrizar el debate de la unión a nivel interno del partido. Fue un debate latente que con el tiempo ha quedado demostrado que se cerró en falso.

Parecía que no quedaba más remedio que sentarse de nuevo con Ciutadans. La presión externa de los medios de comunicación y la opinión popular marcaban el camino, pero no la voluntad política. Más allá de sumar fuerzas, en la negociación existía una lucha de poder, de liderazgo, de discurso, de ocupación de un espacio que UPyD había hallado en 2008 y en el que se había asentado como adalid de la regeneración democrática.

Hubo una primera reunión de contacto y luego varias reuniones de un grupo de trabajo para conocerse y profundizar en las negociaciones. Durante todo el proceso, nos centramos en encontrar las diferencias y empecinarnos en lo que nos desunía; además, perdimos antes de empezar la batalla mediática y debilitamos el proyecto original para regenerar el país. En ese momento, no éramos conscientes del alcance que sufriríamos con una campaña de acoso y derribo contra Rosa y, por lo tanto, contra el partido. Ante las dimensiones del asunto, me ofrecí por iniciativa propia a estudiar al rival, canalizando toda la información del partido, pensando que podía llegar a ser necesario conocer todas sus debilidades, conocer las diferencias y similitudes con nosotros. Mientras tanto, se alzaban voces de mandos importantes del partido a favor del pacto, pero eran percibidos como gestos desleales.

Fueron unas semanas de cruces de *email*s entre ambas formaciones, con dificultad para conocer por nuestra parte lo que había detrás del partido de Ciudadanos porque no nos facilitaban la información, hasta que el mismo 20 de noviembre de 2014, en el hotel Eurobuilding, se rompieron las negociaciones. Nadie entendió nuestro posicionamiento. Los medios de comunicación habían determinado cuál era el camino a seguir, en particular algunos pesos pesados como *El Mundo* y *El País,* marcando su propia línea editorial con los prescriptores de opinión correspondientes. Por nuestra parte, presentamos una argumentación con más de cuarenta folios de por qué no podíamos concurrir con Ciudadanos, un documento que nadie leyó por muy bien fundamentado que pensáramos que pudiera estar. El tiempo apremiaba y, mientras Ciudadanos hacía declaraciones en el mismo hotel, nosotros estábamos de camino a la sede para hacer una rueda de prensa, dejándoles que golpearan primero. Ciudadanos se presentó ante la sociedad como un caballo ganador por haberlo intentado hasta cuatro veces. Focalizaba la responsabilidad del problema únicamente en Rosa Díez[29] e insistía en la similitud del proyecto, discurso que calaría fácilmente en los potenciales votantes.

La estrategia y asedio del espacio, con sus apoyos mediáticos pertinentes, se había estado gestando durante todas esas semanas, y C's tuvo sus resultados: nos sacó del marco político en el que éramos el referente para centrarnos en el interno y en la posible unión. Nos ganaron la batalla, sin importar la intención de la misma. C's ascendía al tablero nacional como novedad, a pesar de los diez años

---

29 «Javier Nart: "El problema se llama Rosa Díez"», *ElDiario.es*, 9 de mayo de 2014 en, http://www.eldiario.es/europeas_2014/Javier-Nart-Ciudadanos-UPyD-Rosa_0_257574937.html

de existencia, y como contrapeso a Podemos. Además, contaba con la singularidad de que el factor vasco que favorecía a UPyD en los últimos años con el alto al fuego de ETA había menguado en el panorama político para centrarse en el proceso secesionismo catalán en el que Ciutadans era un referente con peso. Este cambio de escenario no se podía ignorar, ya que era un nuevo escenario de oportunidad.

Las diferencias de ideas, de proyecto de partido, dieron absolutamente igual. La percepción prima sobre el contenido en la política. Discrepábamos en temas fundamentales como el modelo de Estado, la asunción de competencias por parte del Estado de la sanidad o la educación, etc. Ellos se centraban en el *marketing* mientras nosotros en la tarea institucional. Como ejemplo, Albert Rivera apenas había presentado una pregunta parlamentaria en el Parlament mientras Rosa superaba las mil trescientas escritas. Sin embargo, el eje estaba cambiando; la nueva forma de hacer política estaba marcada por acercamientos y pactos. Tuvimos la capacidad, pero no la voluntad de pensar en lo bueno para un país como España. No éramos conscientes de la magnitud que se movilizaba detrás del alzamiento de Ciudadanos de la noche a la mañana. Un líder que parecía recién llegado a la política frente a los treinta años de Rosa Díez en activo. Erramos en la estrategia y la falta de visión. No supimos ejercer de pez grande en el crecimiento de proyecto.

Qué aprendí:

En política lo que importa no es la realidad, sino cómo se percibe. Los partidos dedican infinidad de recursos en *marketing* político predominando sobre la coherencia del discurso o la pedagogía. En realidad, lo importante de la batalla es ganarla, sin importar la intención, la búsqueda de poder a cualquier precio. Lo prioritario en la política se ha convertido en convencer a la gente por encima de decir la verdad.

Sin el apoyo de los medios de comunicación, no hay futuro político. En particular la televisión, por seguir siendo el principal medio de información para la mayoría de los ciudadanos.

Si se investiga sobre cualquiera, se pueden sacar hechos, palabras, fotografías como elemento clave como para desmontar el personaje o la idea. Ignatieff lo llama «investigación de oposición[30]» y con las redes sociales hay arsenal político para desmontar a cualquiera.

La estrategia eficaz de centrar la responsabilidad en una persona para culparla de las malas decisiones tomadas y desgastarla hasta que la percepción se imponga y pierda el derecho a ser escuchada. Si al mismo tiempo es la persona que lidera el proyecto con un hiperliderazgo, como el de Rosa, debilitas toda la estructura.

Operación Ciudadanos: la ocupación del centro

Algunas voces empresariales, relacionadas con el IBEX 35, se manifestaban en contra del bipartidismo, pero lejos del partido emergente de Pablo Iglesias. A finales de junio, Josep Oliu, presidente del Banco Sabadell, proponía crear «una especie de Podemos de derechas»[31] buscando un partido que defendiera sus intereses. Rápidamente, se relacionó con Ciudadanos, un partido con trayectoria de diez años, pero que no había sido capaz de dar el salto a nivel nacional con los intereses del *establishment*.

Pasadas las negociaciones con UPyD, surgió una estrategia intencionada por parte de *El País*, grupo Prisa. En enero de 2015, en las encuestas elaboradas por Metroscopia, Ciudadanos aparecía por primera vez con un 8,1 % de votos, por encima de UPyD. Su líder, por el que nunca antes se había preguntado, era el mejor valorado a pesar de ser el menos conocido a nivel nacional, algo francamente atípico[32]. El resto de las encuestas le daban una posición ascendente, pero ninguna sobrepasaba el 5 %. Al mes siguiente, ya estaban en el 12 %, frente al 3,1 % que le otorgaba el CIS, con cambio inclusive del periodista que cubría los análisis de las encuestas de *El País*. La maquinaria se había puesto en marcha para alzar a Ciudadanos, que no contaba con los cuadros ni la estructura de UPyD.

---

30 IGNATIEFF, Michael, *Fuego y Cenizas. Éxito y fracaso en política,* editorial Taurus, cap. 3, pos. 545.

31 *El Periódico*, 25 de junio de 2014, «Josep Oliu propone crear "una especie de Podemos de derechas"», http://www.elperiodico.com/es/noticias/politica/josep-oliu-propone-crear-una-especie-podemos-derechas-3329695.

32 «Clima político y social en España», encuesta de Metroscopia, *Elpais.com*, 6 de febrero de 2015, http://elpais.com/elpais/2015/02/06/media/1423258205_790592.html.

Podíamos pensar que aquello era una artimaña para eliminarnos por no haber querido entrar en la negociación entre ambas formaciones, pero en realidad no éramos tan importantes, y el peligro real lo representaba Podemos. Un rumor extendido en los círculos políticos señalaba a Pedro Arriola[33], principal asesor de Rajoy, y un plan con el ya fallecido José Manuel Lara para dar cancha televisiva con el grupo Atresmedia a Podemos y dañar al PSOE. Una vez atendida la encomienda del PP, el fenómeno de Pablo Iglesias generaba demasiados ingresos como para abandonarlo y dejarlo en manos de la competencia. Entonces, el contraataque que beneficiaba, en un principio, al PSOE se generaba con Ciudadanos de manos del grupo Prisa, con accionistas del IBEX 35 como La Caixa, Santander o Telefónica. Hasta tal punto que marcaba la hoja de ruta en cada editorial que sacaba.

El hecho es que observábamos como con las encuestas creaban expectativas y tendencias que, aunque distaban enormemente de los resultados electorales, apuntaban a un caballo ganador y paulatinamente nos enviaban al ostracismo. En el centro solo había espacio para un partido. Un competidor ignorado hasta el momento nos fagocitaba el espacio y el discurso, y otro como Podemos nos disputaba parte del electorado desencantado.

En marzo de 2015, C's se quedaba a dos décimas del Partido Popular[34]. Intentábamos analizar los datos del Metroscopia con nuestro grupo de análisis, pero no tenían rigor alguno. Todo indicaba que era una estrategia nítida para condicionar la opinión pública, aprovechándose de la falta de regulación en la publicación de encuestas, algo que es sumamente peligroso para la democracia. La única regulación que existe es la de no publicar encuestas la semana antes de las elecciones; paradójico que *El País* se quejara mediante

---

33 «El marido de Villalobos pide calma al Ibex ante el auge de Podemos», *Elmundo.es,* 1 de marzo de 2015, en http://www.elmundo.es/economia/2015/03/01/54f195c2268e3e2f3d8b456d.html.

34 «Podemos, PP, PSOE y Ciudadanos, cerca del empate, lejos de la mayoría», *El País*, 7 de marzo de 2015, en http://politica.elpais.com/politica/2015/03/07/actualidad/1425756440_821944.html.

un editorial la semana de antes de las elecciones y exigiera «cuidado técnico» y «condiciones de calidad» a la hora de hacer sondeos[35].

Qué aprendí:

Fue un ejemplo de cómo «los sondeos son sobre todo una forma de expresión de poder de los medios de comunicación sobre el pueblo[36]».

No solo de encuestas vive el político, pero condicionan la opinión pública y son un arma sumamente peligrosa si lo que se quiere es crear una tendencia y manipular en democracia. Además, se usan para trasladar una foto del momento, reflejar el estado anímico y sirven de autoconsumo dentro del partido cuando son positivas, sin importar la rigurosidad.

Las organizaciones, como dice Sartori, están en competencia entre sí; en nuestra competencia se dirige al elector prometiendo ventajas y beneficios. En este caso, se había generado una idea en apenas pocas semanas de un proyecto llamado Ciudadanos que nos había pasado por encima, cuya estrategia no supimos contrarrestar, así como los ataques a Rosa y el cambio generacional impuesto en la sociedad. Todo eso con apoyos mediáticos se convertiría en el principio del fin.

Después de casi ocho años en el Congreso, me di cuenta de la poca relevancia que podía tener nuestro trabajo institucional comparado con el poder de los medios de comunicación y los intereses de las grandes empresas.

Las decisiones de quien va a gobernar se toman en los parlamentos, inducidas de antemano por los poderes del *establishment*, que condicionan tendenciosamente el camino de los votantes.

---

35 «Anacronismo electoral», Editorial *Elpais.com*, 17 de diciembre de 2015, en http://elpais.com/elpais/2015/12/17/opinion/1450378710_955733.html.

36 SARTORI, Giovanni, *Homo videns: La sociedad teledirigida*, octava edición, editorial Taurus, 2008, Madrid, p. 80.

Independencia y la pérdida de «amigos»

Recuerdo cuando acompañé a Rosa a una reunión privada en el Ministerio de Asuntos Exteriores. Posteriormente, desveló su conversación en un mitin: «Rosa, no te equivoques, si ponéis en riesgo el bipartidismo, el PP y el PSOE nos aliaremos y os aplastaremos como se aplasta una nuez»[37].

En el origen del partido, había una sensación a nivel interno de que éramos una amenaza real del bipartidismo, y ahora que nos iba mal era un discurso fácil para acogerse y resguardarse. Quedaría demostrado que la causa justa no daba votos, ni la lucha contra la corrupción, ni la defensa de los preferentistas y en cambio era un camino fácil para enemistarte con todos aquellos que tenían intereses.

A nuestra forma de hacer política había que añadir la realidad de que íbamos perdiendo los «amigos» que teníamos. Era una cuestión principalmente estratégica: la tercera España pasaba por confluir con Ciudadanos, y todo el mundo como es lógico tenía una opinión.

Tampoco habíamos seguido una estrategia definida para hacer amigos, a nivel empresarial, en el resto de la sociedad civil o en los medios de comunicación; normalmente, se habían ido acercando a medida que el proyecto crecía, pero ahora los apoyos empezaban a brillar por su ausencia.

Perdimos claramente apoyos por esa independencia política no compartida por un elenco periodístico y, por qué no decirlo, por la forma de tratar a algunos de ellos cuando no nos correspondían. Quizás los más notorios fueran Pedro J., Carlos Herrera, Federico Jiménez Losantos, Santiago González y otros que escribían no en pocas ocasiones a favor de UPyD, como Escudier o Gistau.

Me pareció extraño que no estuviéramos más relacionados con la plataforma Libres e Iguales, que nacía en el 2014 como reacción al nacionalismo catalán reuniendo a un elenco de prescriptores de opinión, algunos intelectuales relevantes como Vargas Llosa, Savater y muchos ellos significados en política. Personas que en un mo-

---

[37] «Margallo a Rosa Díez: "Os aplastaremos como a una nuez"», *Elmundo.es*, 10 de mayo de 2014, en: http://www.elmundo.es/espana/2014/05/10/536e276fe2704e94568b4572.html.

mento determinado habían hecho un guiño a UPyD o directamente estaban involucrados. Desde José María Fidalgo, cuando habló en un mitin magenta usando el plural mayestático, pasando por Albert Boadella o Paco Sosa Wagner. Sin embargo, UPyD no terminó de congeniar la relación, quizás por la decisión de no involucrarse con la sociedad civil, por el enfriamiento que marcaría ser independiente para todo tipo de decisiones políticas o por cuestiones personales.

No ayudaba en absoluto que ante perdidas de personas influyentes o periodistas que nos habían apoyado y ahora eran críticos con nuestros posicionamientos, la respuesta fuera el rechazo o el insulto por nuestra parte, principalmente mediante redes sociales. Existía una relación de odio y de rechazo hacia ciertos periodistas. A algunos líderes del partido no les faltaba razón en un principio, pero su actitud retroalimentaba al monstruo y lejos de pacificar la situación, la empeoraba. Era necesario anteponer argumentos al insulto, y presentarnos antes de que se nos marginara.

En las redes sociales la gente se desató contra Rosa. Posiblemente, muchas de esas personas seguían estrategias dirigidas desde los partidos, que movilizaban a sus «hordas». En más de una vez tuvimos que denunciar en nombre del partido porque no había límites establecidos.

Los ataques eran a la persona, ya no eran por lo que decía o defendía políticamente. Como diría Ignatieff, fueron ataques para que dejara de ser escuchada, desacreditándola por llevar treinta años en la política aunque las ideas fueran nuevas, revolucionarias y tuviera las manos limpias. «Una vez que has negado a la gente el derecho a ser escuchada, ya no tienen que refutar lo que dicen. Solo hay que ensuciar lo que son»[38].

Qué aprendí:

La independencia en la política tiene un recorrido exiguo. A pesar de que hubiera razones para ello, no es inteligente hacer una política de enfrentamiento con la prensa. Sin el apoyo de los medios de comunicación, no hay futuro político; ellos deciden qué es noticia

---

[38] IGNATIEFF, Michael, *Fuego y Cenizas. Éxito y fracaso en política,* editorial Taurus, 2014, cap. 7, pos 1997.

y qué no. En particular la televisión, sigue siendo el principal medio de información para la mayoría de los ciudadanos.

En España, la prensa tiene dueños, y eso supone que los titulares muchas veces no te los ganas, sino que ya están predestinados. Por ejemplo, los ataques que tuvimos de algunos medios a causa de los intereses de grandes grupos empresariales con las líneas editoriales ya preestablecidas.

Otra lección clara es que «no existe la prensa independiente, solo prensa privada y concertada». Creo que le escuché por primera vez la expresión a Irene para hacer referencia a que la prensa pública está totalmente politizada. De hecho, Rosa le llegó a preguntar sobre la prensa libre a Rajoy en el Pleno.

Constaté que el mundo de Internet, donde no parece haber reglas, sirve para desahogar las frustraciones personales como si acudiera uno al estadio a insultar al árbitro, pero con la connotación de que todo queda registrado y por escrito.

El núcleo duro

Existía un núcleo duro en torno a Rosa que se había ido consolidando desde el principio del partido, un número reducido de personas de máxima confianza. Normalmente liberados y con poco tiempo para dedicarse a la vida social y familiar fuera del partido. Absorbidos por la actividad frenética y la continua toma de decisiones. Un círculo de amistad.

En el Consejo de Dirección predominaban perfiles de abogados y profesores; y la ocupación y dispersión geográfica de sus miembros no era compatible con el trabajo del día a día. Por eso funcionaba continuamente con reuniones que se regularon como «la Permanente». Varios miembros del Consejo de Dirección, en torno a siete, de máxima confianza, se encerraban continuamente o tenían largos almuerzos para marcar la línea del partido. Coincidía que ese círculo de confort se había forzado por amistad y lealtad personal por encima de la profesionalidad y era más que difícil acceder a él.

Este órgano creaba malestar en otros miembros del Consejo de Dirección no incluidos, que veían los asuntos resueltos sin que hubiera debate cuando se reunía toda la dirección. Un sistema de funcionamiento que, aunque se había regularizado y calmado en el II Congreso, venía arrastrando suspicacias desde los orígenes con Mikel Buesa.

En estos momentos de crisis, «la Permanente» empezaba a echar más humo de lo normal.

Qué aprendí:

La dirección de los partidos tiene una apariencia democrática y una realidad oligárquica[39]. Como sostiene Michels, «cuanto más organizada se hace una organización, en esa medida será cada vez menos democrática»[40]. Son oligarquías y funcionan con «círculos de interior», núcleos duros de poder, basados en la confianza. Algo que entre nosotros empezamos a llamar «el búnker» por la dificultad de acceder, pero sobre todo porque puede generar un aislamiento y la consecuente desconexión con la realidad de quien tuvo que tomar las decisiones relevantes que afectarían al futuro y continuidad del proyecto.

Desde que nació el partido, existía un Consejo de Dirección en el que no todos tenían el mismo peso y no son iguales en práctica de la toma de decisiones. Por encima, existía la figura de un jefe dominante. También existía la distinción entre jefes aparentes y jefes reales; estos no necesariamente estaban dentro de los órganos de dirección.

De esa actividad frenética percibí algo insano, tan preocupante como ver a algunas personas absorbidas por el proyecto; parecía que no había más vida social y profesional fuera del partido, con la distorsión de ser la única realidad en la que se volcaban todas las energías.

«La dirección de los partidos tiende naturalmente a tomar una forma oligárquica»[41].

---

[39] DUVERGER, Maurice, *Los partidos políticos*. Fondo de Cultura Económica, primera reimpresión, Colombia, 1994, p. 163.

[40] SARTORI, Giovanni, *La democracia en 30 lecciones*. Taurus, Madrid, 2009, p. 51.

[41] DUVERGER, Maurice, *Los partidos políticos*. Fondo de Cultura Económica, primera reimpresión, Colombia, 1994, p. 181.

Todos somos prescindibles, incluso Rosa

Llevaba varias semanas queriendo hablar con Rosa, pero necesitaba que fuera en un momento calmado y adecuado. La actividad frenética hacía imposible que llegara el momento, hasta que un día nos encerramos en nuestro despacho del Congreso y le comenté mi intención después de siete años de dejar el gabinete para hacer otras cosas dentro del partido.

Al hablar con ella, tenía que adentrarme en su forma de pensar. Creo que ella es de aquellas personas que piensan que si algo funciona bien no hay por qué cambiarlo; entonces me lancé:

—El equipo funciona perfectamente sin mí y creo que puedo ser más útil al partido fuera del Congreso, donde se van a librar ahora las batallas.

—El papel que estás haciendo es insustituible; tú eres mi sombra. —Recibí uno de los mayores halagos hasta el momento en UPyD.

—Yo creo que soy prescindible; este equipo ya tiene una dinámica propia y funciona perfectamente.

—Todos somos prescindibles —me contestó.

—Bueno…, puede que casi todos, pero unos más que otros. No es lo mismo tu caso que el mío —le dije, sin saber el futuro que nos depararía.

—¿Pero qué te ves haciendo? ¿A qué te quieres dedicar?

—Donde creas que pueda ser más útil de cara a lo que viene ahora, en temas de campaña o de cargo público. —En más de siete años nunca le propuse a Rosa la posibilidad de cargo público y, por primera vez, no lo descartaba, aunque no era un fin, sino un medio.

Hablamos largo y tendido, como en tantas ocasiones, disfrutaba con ese tipo de conversaciones a solas porque eran un aprendizaje continuo. Daba igual la materia, normalmente hablábamos de actualidad política, del partido, de personas o de nuestras vidas personales, pero siempre aprendiendo. El mensaje ya estaba transmitido y debía macerarse con el tiempo. Necesitaba afrontar nuevos retos, crear de nuevo. El gabinete, aun siendo el principal departamento del partido, se me había quedado pequeño.

Qué aprendí:

Con el tiempo, Rosa fue prescindible a la fuerza. No hay nadie que no lo sea, incluso en casos tan relevantes con un liderazgo tan reconocido. El hecho de que alguien se crea imprescindible sencillamente demuestra que no es consciente de la realidad que le puede arrollar.

Si funciona bien un departamento, no lo cambies, a no ser que te lo pidan los trabajadores porque quieran progresar o evolucionar.

Con el tiempo, confirmé algo que había visto desde los orígenes, pero que nunca había experimentado por pensar que estaba en el puesto idóneo en el momento oportuno: si quieres optar a un cargo público o puesto de trabajo estando dentro de la empresa, tienes que lucharlo y solicitarlo. Tienes que hacer que la persona o personas que tienen el poder de decidir sobre el puesto o la lista sepan de primera mano que estás interesado y motivado para conseguirlo. Si no lo haces tú, lo hará la competencia que anhele la misma posición. En contra, recuerdo a Savater, que dijo una vez algo así: «Preguntad quién quiere ir en listas, y ahora, con todos los que no quieren, empecemos a hacerlas».

Zona libre de corruptos (o que la inspiración nos coja trabajando)

Haciendo un *brainstorming* dentro del equipo, salió entre todos una idea bastante original. El 27 de noviembre de 2014 escribí a Rosa adjuntando una imagen en el *email*:

Antes de que me digas que no, piénsalo bien a ver qué te parece.

Quiero cambiar un cuadro nuestro del pasillo por este póster enmarcado que se vería bien al pasar por fuera.

(Si no, me lo hago para el despacho).

Fran

«Me encanta», contestó un día después. A pesar de que otros miembros con peso dentro de la dirección ya me habían hecho llegar su negativa a ponerlo en el pasillo por dar una imagen excesivamente provocativa y nada seria.

Al cabo de un día, teníamos impreso a tamaño A1 un polémico cartel con el logo de UPyD en la esquina superior derecha y, un poco más abajo, la leyenda *Zona libre de corruptos* dentro de un rombo amarillo como una señal de tráfico de peligro. Lo colocamos en el pasillo de nuestro grupo parlamentario, por donde pasan cientos de personas a diario. Desde el primer momento, generó malestar, sobre todo en los demás grupos parlamentarios.

Coincidía que los días 3 y 4 de diciembre eran de puertas abiertas. Sopesamos si lo dejábamos colgado, siendo conscientes de que era una provocación, pero también de que sería un reclamo para miles de los visitantes que pasarían frente al cartel. Al final lo dejamos. Como predijimos, levantó expectación entre las personas que visitaban esos días el Congreso, pero no contamos con que al cabo de un par de horas, sin que nadie del gabinete se cerciorara, el cuadro había desaparecido.

Al comentarlo con Rosa, nos dijo que había que denunciar la desaparición *ipso facto;* de aquella extraña misión nos encargamos Irene Lozano, Andrés Herzog y yo[42]. Antes de entrar a la comisaría del Congreso, un funcionario nos dijo que había sido la vicepresidenta del Congreso, Celia Villalobos, quien había dado a un bedel la orden tajante de retirarlo sin previo aviso. Decidimos seguir adelante como si no supiéramos la autoría del robo y nos ensañamos poniendo una denuncia.

A nuestra vuelta, el equipo había colgado fotocopias a color del cuadro, con una reseña abajo que decía: *Réplicas del cuadro sustraído esta mañana.* Con la denuncia hecha, los medios de comunicación se centraron en el misterioso caso. Tanto Rosa como Toni hicieron declaraciones de la sorprendente desaparición. En un momento dado, Rosa comentó en *petit comité* emulando a Picasso: «¡Que la inspiración nos coja trabajando!». Era consciente de que a partir de ahora se generaría un revuelo mediático.

---

[42] «UPyD denuncia el robo del mensaje *Zona libre de corruptos* de su oficina en el Congreso», lasexta.com, 4 de diciembre de 2014, en http://www.lasexta.com/programas/al-rojo-vivo/momentos-destacados/upyd-denuncia-robo-mensaje-zona-libre-corruptos-oficina-congreso_2014120400161.html.

Se disiparon las dudas y vinieron dos letrados del más alto rango como intermediarios a explicarnos lo sucedido a Rosa a y mí. Al presidente del Congreso le había parecido ofensivo y lo había mandado retirar por respeto a los demás grupos parlamentarios. A lo que Rosa contestó que si hubiera llamado previamente para consultarlo, podría haberse dado el caso de retirarlo por iniciativa propia, pero que vista la forma de actuar de la presidencia exigía que se lo devolvieran inmediatamente o mantendríamos la denuncia y ya veríamos qué se hacía con el cuadro. La cara del letrado mayor lo decía todo, la situación se estaba enquistando; conociendo un mínimo a Rosa sabían que no era un farol.

Mientras tanto, el PP se preguntó por qué no colocarlo en la puerta del Congreso, a lo que Rosa contestó que cada uno se lo pusiera en su despacho libremente si quería. Hablé con Juande, compañero responsable de comunicación, le transmití la idea de crear interacción con lo sucedido en redes sociales. El objetivo era hacer un concurso de *Zona libre de corruptos* en redes sociales. Esta idea la saqué de Gonzalo Maldonado, un amigo íntimo experto en redes y comunicación, que me introdujo hacía varios meses en la clave de las campañas virales, dando protagonismo a los usuarios mediante participación, concursos y premios, técnicas basadas en el *gaming*.

Al final, nos devolvieron el cuadro, no sin amenazas de que se estudiarían medidas si se volvía a colgar. Entonces, Irene y Rosa lo colgaron y convocaron a la prensa.

Desde comunicación lanzaron una campaña de memes en Twitter que sirvió para difundir el mensaje, movilizar a los activistas, alargar la noticia de la sustracción del cuadro y para que la creatividad de la gente repercutiera en beneficio de UPyD. Esta línea de trabajo economizaba esfuerzos; uno de los memes nos sirvió *a posteriori* para la felicitación navideña.

A la semana, se cerró el concurso y se premió al meme más original con el cuadro firmado por los diputados[43]; fui jurado, aunque no estuve de acuerdo con el ganador. Dimos el cuadro al ganador

---

43 https://www.youtube.com/watch?v=Kh-38ubvSDw.

frente a los medios y concluimos una campaña que gracias a la intransigencia de la vicepresidenta y posteriormente la torpeza del presidente generó más eco del que pudimos pensar en un principio.

Posiblemente, el cuadro, después del hemiciclo, fue la parte más fotografiada y comentada por los ciudadanos que visitaron el Congreso. Habíamos convertido la imagen en un icono del partido. Los compañeros de UPyD por todo el territorio nacional comenzaron a pegar el cartel en las sedes y animaban al resto a hacer lo mismo. Se hicieron *rollers* desplegables, y afiliados, *motu proprio*, hicieron *merchandising*. En un viaje en los siguientes días al sur, recuerdo como un chico ilusionado se hizo su propia sudadera en Córdoba y le regaló otra a Rosa.

La campaña sirvió como comunicación interna, para sacar pecho e ilusionar en un momento en el que existían dudas y los ánimos estaban estancados. Pero sobre todo sirvió para difundir que en UPyD no había corruptos, no había imputados y éramos los únicos que podíamos decirlo en voz alta o ponerlo en un cartel para que todo el mundo lo viera y lo supiera.

> Fue un ejemplo de trabajo en equipo. Aunque haya responsables finales, se puede sacar el conocimiento y la iniciativa de todos los miembros de un grupo para enriquecer el trabajo, fomentar la integración, motivar e ilusionar al mismo tiempo y que luego dé frutos.
>
> Sin embargo, no era normal que la forma de crear el contenido fuera mediante el departamento del Congreso, que no era el responsable de llevar a cabo este tipo de funciones, lo que dejaba en evidencia que no estábamos bien organizados.

La idea

Cuando se publicó el artículo de Paco Sosa, escribí a Rosa, Carlos e Irene comentando que me parecía que ese ataque estaba totalmente orquestado. Aproveché para introducir que teníamos que dar una respuesta coordinada. No obstante, lo importante era reconocer que nos encontrábamos ante una situación de crisis interna. Habíamos vivido otras de magnitudes importantes, como las de Mikel Buesa y Ramón Marcos en Madrid, pero esta, sin saberlo, se llevaría la palma por las dimensiones y la prolongación en el tiempo.

Las semanas pasaron con una estrategia que no resolvía la crisis. No funcionábamos con la claridad y seguridad con la que habíamos actuado históricamente. Desde hacía tiempo, analizábamos en el gabinete de manera informal la crisis del partido. Siempre que salía el tema apuntábamos hacia la comunicación política del partido o la forma de hacer campañas. Mientras tanto, con algunos amigos trabajaba la idea para proponerle a Rosa un modelo de campaña para las siguientes elecciones. Así le envié durante el verano un borrador de propuesta, pero no fue hasta noviembre cuando ocho personas del Consejo de Dirección se reunirían la tarde-noche en un hotel céntrico de la ciudad para tratar el asunto de las campañas y para revisar lo que podíamos mejorar. Escribí a Rosa para asistir a esa reunión porque pensaba que podía aportar al debate y a la reflexión.

Durante la cena se habló de Paco Sosa y los medios de comunicación; esperé al menos dos horas para formular la idea que me rondaba la cabeza y exponerla: explicar que debíamos profesionalizar el equipo de campaña, crear áreas que se dedicaran a captar los mejores candidatos, a la formación, a la coordinación entre los departamentos, traer estrategas para redes sociales, con la finalidad de responder o adelantarnos a los acontecimientos que nos venían de manera sobrevenida; en definitiva: planificar.

Ocho de los nueve participantes estuvieron de acuerdo en la idea de profesionalizar el equipo de campaña. Nos pusimos a buscar a la persona que nos pudiera echar una mano en esta ardua tarea entre Juan Luis Calbarro, nuevo miembro del Consejo de Dirección para el área de comunicación, Irene y yo.

El tiempo iba en nuestra contra. Tardamos varias semanas en encontrarlo, en que se pusiera en marcha y, más aún, en convencer a parte de la dirección de que realmente era el camino por el que debíamos ir. Había suspicacias con los cambios, ya que con la nueva estructura que se planteaba por parte del estratega, se implementarían cambios en nuestra forma de hacer campaña, en el *marketing* político y en la comunicación tanto a nivel externo como interno.

Mientras tanto, un día hablé con Rosa para decirle que el equipo del Congreso funcionaba perfectamente y podía prescindir de mí para dedicarme a otras áreas en las que veía que podía ser importante de cara a las elecciones. Costó, pero al final nos abrimos para asimilar cambios.

Volvimos a reunirnos después de Reyes las mismas personas, en el mismo hotel, pero ahora con el estratega y un plan de trabajo sobre la mesa. Debatimos, aclaramos conceptos y perfilamos la estrategia; había una aureola de esperanza y cambio en varios de los que asistimos a la reunión.

Faltaba definir quién llevaría a cabo el plan dese el punto de vista político. Me propuse a Rosa como jefe de campaña; creía que era el camino, me veía con capacidad y energías para hacerlo. Hubo movimientos. La decisión final fue que estuviera de portavoz del equipo de campaña y adjunto a Paco Pimentel. Para Irene, que me había apoyado íntegramente en la propuesta y en mi candidatura, fue motivo de discrepancia y distanciamiento con Rosa y el núcleo duro de la dirección. Un antes y un después. Yo lo vi como una oportunidad para poder desarrollar una idea que creía podría dar frutos y cambiar nuestra toma de decisiones en la forma de hacer campaña, la comunicación y la coordinación de los distintos departamentos afectados.

Costó, pero a finales de enero nos pondríamos en marcha. Lo primero que hice fue reunirme con Paco y repartirnos tareas. Yo me había especializado en hacer equipos y crear dinámicas de trabajo, así que le propuse que me dejara conformar el *War Room* y llevar la campaña de Toni por afinidad; él se encargaría de llevar la coordinación con los consejos territoriales y la campaña de Ramón Marcos.

Después de todo lo acontecido, hablé con uno de los periodistas del diario *El Mundo*, que me aseguró que nuestra estrategia de confrontación por la carta de Paco Sosa y nuestra reacción pública fue la que alimentó la polémica y lo elevó a un nivel de portada continuo durante varios días porque sencillamente «vendía».

El enchufismo y los procesos de selección

Me trasladé a la sede. Durante las siguientes semanas hicimos decenas de procesos de selección para contratar a mucha gente; unos procesos abiertos y otros por contactos. Revolucionamos la sede a base de contrataciones hasta el punto de que el gerente me dijo que no teníamos espacio para tener a tanto personal y que si seguíamos así incumpliríamos la ley. Eso nunca pasó, iba en contra de nuestra filosofía. Sin embargo, el ambiente había cambiado drásticamente para bien y se palpaba ilusión en el ambiente.

Sabíamos que el tiempo iba en nuestra contra. A la hora de hacer los equipos tuve la posibilidad de contratar a uno de mis mejores amigos en un puesto relevante que buscábamos para *social digital manager*. Era lo más lógico por tiempo y confianza. Le di vueltas durante varios días y lo hablé con el entorno personal y profesional. Finalmente no lo hice. Al poco tiempo me di cuenta de que fue un acierto para mi tranquilidad personal.

Es verdad que el nepotismo existe en la política. Creo que en UPyD no fue una práctica muy desarrollada, aunque existiera. Hicimos procesos de selección abiertos y cerrados como regla general en la mayoría de departamentos.

La fuerza del equipo: inteligencia colaborativa

Entre tantas nuevas personas, habría que resaltar la conformación de la maquinaria con el *War Room*. Profesionales jóvenes y experimentados externos al partido se juntaron con los de casa para hacer un equipo que congenió muy bien, con la estrategia clara y ganas de hacer campaña distinta. Fue difícil poner la maquinaria en funcionamiento; hubo que limar muchas asperezas y otras fueron imposibles porque no existía voluntad de cambio por algunas personas con responsabilidad. No obstante, el equipo cuajó; cada uno sabía cuál era su función, la dinámica terminó arrasando el inmovilismo y la falta de perspectiva que existía en el momento. Casi nadie puede parar la fuerza de un equipo cuando se cree en lo que se hace. Hicimos cosas grandes, creamos sintonías entre la mayoría del equipo, introdujimos conceptos empresariales en la toma de decisiones de *marketing* político, desarrollamos una base de activismo fundamentado en el contacto directo para llegar a la gente, técnicas que todavía no estaban asentadas en España. Nuestro vídeo de campaña del «día del padre indeciso» fue cogido por la empresa Facebook como modelo de éxito. La prensa que siguió nuestros pasos nos reconoció la campaña como la mejor de todos los partidos.

> La clave era rodearse de gente con conocimiento y aprovechar su valor para que contribuyesen al éxito. En una sociedad de repetición de conceptos, lo virtuoso es encontrar personas con conocimientos e integrarlos en tu núcleo de trabajo. Hoy en día sufrimos sobresaturación de información y es prácticamente imposible asimilar todas esas fuentes de conocimientos. Como jefe había que comportarse con humildad, aprovechar para escuchar y aprender hasta de lo que uno creía que sabía.

Los cambios se percibieron en la sede como un aire distinto, y los trabajadores se acercaban a darnos ánimos y ofrecerse para lo que considerásemos oportuno. Sin embargo, también hubo reticencias y desconfianzas por parte de personas responsables de ciertos departamentos, motivadas por la pérdida de cuota de poder y control del partido. Algo tan sencillo como conseguir el listado de afiliados de Málaga para movilizarlos se convirtió en una odisea, incomprensible cuando sencillamente lo solicitabas al despacho colindante. «Derrota tras derrota hasta la victoria final», parafraseaba a Churchill ante el equipo cada vez que nos chocábamos con el mismo problema. Arrastrábamos el lastre de la burocratización para agilizar muchas decisiones, pero se puso de relieve la falta de voluntad para cambiar las cosas si conllevaba una disminución, por mínima que fuese, de cuota de poder, lo que terminaría afianzándose con el descalabro electoral del 22 de marzo en Andalucía.

El intento de profesionalización

Con el beneplácito de la dirección, se aprobó la estrategia a seguir y lo que tocaba ahora era ejecutarla. Para dar respuesta a los objetivos planteados, debíamos revisar nuestro sistema de funcionamiento y nuestra propia estructura. Habíamos crecido a medida que entrábamos en las instituciones, con los recursos económicos correspondientes de la representación obtenida y basándonos en expectativas que se centraban en las encuestas. La propuesta que quería llevar a cabo mediante la campaña se basaba en una profesionalización que respondería a criterios de crecimiento, creando nuevas áreas que se presentaban necesarias de cara al futuro.

Al analizar la composición interna del partido con Gustavo García Espejo, se evidenciaban carencias en áreas de planificación u otras pendientes de crear, como un gabinete de crisis y respuestas contingentes. Además, no trabajábamos el mensaje a diario, que resultaba básico para la estrategia. En un principio, Carlos puso en marcha un mecanismo para que todos los cargos públicos y orgánicos tuvieran conocimiento de los principales posicionamientos que semanalmente iban teniendo la dirección y Rosa en el Congreso. Lo llamó PIP, Papeles de Información Política, pero ese buen trabajo se dejó por sobrecarga. A partir de entonces, empezamos de nuevo a elaborar a primera hora del día nuestro mensaje para conocimiento y difusión por parte de nuestros principales cargos y afiliación.

Tampoco existían personas referentes o encargadas de la creatividad, el *marketing* político —o mejor llamado propaganda—, relaciones públicas y captación de fondos. Entonces, nos pusimos a contratar y crear los puestos justo antes de las andaluzas. Eran tan grande la transformación necesaria que tuvimos que priorizar. Pospusimos abarcar algunas áreas como la captación de fondos o producción de *merchandising,* que suponían un enorme desgaste al chocar de bruces con la forma de pensar de algunos dirigentes.

Empezamos a planificar todos nuestros contactos con grandes empresarios, medios de comunicación y periodistas. Entramos en contacto con el tan criticado *establishment*, con el IBEX 35, para que nos conocieran mejor y supieran de primera mano quiénes éramos, nuestro discurso y objetivos, evitando distorsiones y manipulaciones mediáticas. En definitiva, se buscaba construir una línea estratégica de las relaciones institucionales haciendo contactos, en término anglosajón: *networking*. Esta área siempre me había parecido fundamental, quizás arrastrado por el funcionamiento a diario del Congreso, pero me fue imposible llevar a cabo una agenda de contactos hasta aprovechar la entrada de NFC, a quien se le reconoció como un referente empresarial capaz de abrir puertas. Llegamos a establecer un pequeño equipo con la principal finalidad de hacer «amigos»; pocos nos quedaban.

Las reuniones del equipo de campaña eran a diario e involucraban a casi todas las áreas del partido, extensas al principio, algo que mejoramos con el rodaje. Nos esforzábamos en crear dinámicas de trabajo que fueran eficaces y pudieran articular a toda la organización, desde la portavoz al afiliado de base.

Intentamos establecer una producción de vídeos virales propagandísticos que fueran suficientemente cortos e impactantes. Empezamos a invertir en pequeñas campañas a través de redes sociales y retomamos la caravana de algunos periodistas en la campaña.

Planificamos con un mínimo de antelación campañas en los medios y redes, acorde con la actividad política en marcha. El debate del estado de la nación lo convertimos en *el debate de la gente,* consiguiendo que fuera tendencia en Twitter. Repetimos en varias ocasiones este sistema, que iba cogiendo forma. Con las nuevas dinámicas, lo importante era que cada uno supiera lo que tenía que hacer.

Se dio color a nuestra imagen corporativa en redes, renovamos las infografías, creamos la plataforma magenta con técnicas de *gaming* para movilizar a los activistas, pero no pudimos lanzarla más que en modo de prueba por las trabas a nivel interno y falta de tiempo. Pero sobre todo empezamos a introducir técnicas organizadas de contacto directo, basadas en las matemáticas.

Qué aprendí:

Con tan poco tiempo de existencia, había resistencias al cambio, nos comportamos como un partido clásico de perfil occidental, como lo define Duvergier, con la mentalidad anquilosada en una forma de funcionar que dio frutos hace unos años, pero que había quedado completamente desfasada. Cualquier tipo de evolución o cambio se percibía como riesgo y amenaza. Parecía que algunas personas tenían miedo a lo desconocido, y otras, a perder el control absoluto de su área.

La práctica de la nueva forma de funcionar se basaba en el equipo como clave del éxito. Con el oficio, el liderazgo necesario para crecer que he ido aprendiendo es abierto y colaborativo: quien lidera debe ser una persona emocional y reflexiva, capaz de rodearse de los mejores y sacar el máximo potencial del equipo.

El contacto directo: un partido de futuro

A pesar del poco desarrollo en la profesionalización de las campañas electorales, pude ver el potencial que tenía un *big data* electoral. Aprendí de Bernie Navazo, posiblemente un caso único, al contar con la experiencia e implementación de estas técnicas en campañas tanto en Estados Unidos como en España. Esta forma de hacer política es muy antigua, aunque fue Barack Obama quien la volvió a poner de moda, y la tecnología ha supuesto, sin duda alguna, un progreso en la materia. Implantamos una centralita de llamadas, ya lo habíamos hecho en el 2008, pero este modelo estaba profesionalizado. El objetivo era comenzar a almacenar datos de los ciudadanos, mucho antes de las elecciones, para hacer una gestión de la información segmentada, llegar a conocer sus preocupaciones, criterios, potenciales votantes y así acercarse a su realidad transmitiendo nuestro mensaje y convenciéndolos para que el día de las elecciones introdujeran nuestra papeleta. Empezamos a utilizar estas técnicas por teléfono. Las reacciones de la gente eran sorprendentes en general, pero sobre todo si llamaba Rosa o Toni. Bernie siempre me comentaba el mismo ejemplo hasta que lo vi con mis ojos. Imagínate que detectas un votante indeciso, lo convences a medias y los últimos días le llama Rosa para recordarle que nos vote. Efectivamente, el impacto era único y generaba una onda expansiva en la persona que luego iría contando su experiencia a todo su entorno. En una llamada, coincidió que contactamos con una señora cuya amiga le había comentado en la peluquería que ya le había llamado Rosa Díez. En este caso, el impacto era doble. Pero como decía el bueno de Bernardo: «Esto es solo una patita de la mesa». No era la panacea, sino un método de trabajo que daba sus resultados al cabo de largos meses o, mejor dicho, años y se complementaba con el resto de las áreas.

En las reuniones del equipo de campaña, le dedicábamos unos minutos a que Bernie nos introdujera a esta cultura matemática, apenas explorada en España, explicando las estadísticas y centrando la estrategia.

Otra de esas personas con conocimientos de lo que pensaba que necesitaba el partido era Amparo Plaza, un fichaje que hice para las elecciones autonómicas en el equipo de Toni. Promovió, adelantándose a los acontecimientos, el contacto directo también a través de las redes sociales, algo que luego emularían Esperanza Aguirre y otros candidatos. Se encargó del caso más sonado y pionero en la materia, que era el de Toni con el WhatsApp. Consistía sencillamente en comunicar y entablar conversaciones con todo aquel ciudadano que quisiera hacerlo. En menos de un día, se colapsó con más de cinco mil mensajes y miles de contactos. Tuvimos que poner un equipo entero gestionando en Valencia todos los mensajes. El impacto fue muy potente y útil para transmitir nuestro mensaje. Como colofón, Toni personalmente se ponía en contacto con los interesados mediante mensajes o por llamadas, recreando de nuevo la sensación de cercanía que genera que un político te busque y hable directamente contigo. Sin embargo, no tuvimos tiempo para desarrollar la estructura interna de la herramienta.

También intentamos llevar estas técnicas a la calle, se hizo algún «puerta a puerta», y comenzamos a salir por primera vez con un doble objetivo: transmitir nuestro mensaje en los sitios adecuados y recoger datos de los interesados para captarlos e involucrarlos a distintos niveles. Al intentar introducir este tipo de técnicas, estábamos abriendo el partido y, personalmente, choqué profundamente con las inercias del partido y la resistencia al cambio. Tuve horas de reuniones con históricos directores de áreas para explicarles la forma de trabajar. Es verdad que había que conocer la idiosincrasia del partido, de eso ya me encargaba yo, pero con el tiempo me di cuenta de que estaba plagado de suspicacias hacia el equipo que había confeccionado y el nuevo modelo de trabajo; en definitiva, había fuertes resistencias al cambio. Llegué a hablarlo largo y tendido en el despacho de Rosa para trasmitirle que el futuro iba por las técnicas de contacto directo, por abrir el partido. Estaba seguro y puede que la convenciera un ápice, pero entonces llegaron todas las desgracias.

> Las técnicas que empezamos a trabajar son conocidas como *grassroots*. Estas técnicas consistían en movilizar a la afiliación, dinamizarlos y motivarlos, con objetivos concretos que luego sirvieran para analizar datos y programar futuras acciones. Al trabajar con técnicas de *big data,* experimenté la involucración de las matemáticas en la política, y me di cuenta de que su potencial es único e indispensable para conocer al electorado y, por supuesto, para aportar su grano de arena para ganar elecciones.

Los sentimentales no son compatibles con la política

Aquel adelanto, que en su día se preveía como una buena noticia para nosotros, se convirtió en el mayor varapalo electoral hasta el momento. El equipo de campaña había rodado apenas cinco semanas, estaba todavía en plena construcción cuando la crisis de UPyD reflotó con su peor cara y el partido se fraccionó en dos. La falta de asunción de responsabilidades de la que se acusó a Rosa, la posterior rueda de prensa que generó expectativas de todo tipo y la dimisión en bloque de cuatro miembros del Consejo de Dirección fue el colofón del desastre que se avecinaba y el final de aquel esperanzador equipo de campaña.

La semana postelectoral fue la más triste desde que empecé en UPyD. La gente sufrió, se hizo daño, y todo el mundo lloraba por las esquinas. Yo no iba a ser menos, pero antes de caer intenté en todo momento mediar entre las dos partes sin éxito alguno. Fue una lección en toda regla. En los momentos difíciles, observas cómo se comporta cada persona. Tuve pesadillas con los problemas del partido, se metían hasta en la cama con mi mujer.

Me dediqué a hablar con todo el mundo, tanto presencialmente como por teléfono, para intentar construir una hoja de ruta de pacificación. Me ayudaron algunos de los miembros del *War Room* que se mantuvieron a mi lado durante esos días. Siempre he creído en la integración y la negociación; sin embargo, no había margen para esos matices, al menos en este partido en dicho momento. Los tambores de guerra resonaban por todo los lados. La desconfianza se instaló en las altas esferas del partido. Algunas personas reaccionaron sacando su mal, se evidenciaron las miserias en un momento en que se necesitaba altura de miras. Lo bueno fue saberlo antes de que fuera demasiado tarde para saber con quién te juntabas.

Al intentarlo, el miércoles 25 de marzo, dos días después de las dimisiones, creí ver la luz, pero en cuestión de horas la propuesta de pacificación se vino abajo. Ese mismo día, me levanté de la reunión en la que habíamos conseguido establecer una hoja de ruta para encauzar la situación, fui al baño de la sede y lloré para liberar toda la presión que nos envolvía.

Por otro lado, me dediqué a subir la moral a los empleados de los que era responsable, convoqué al departamento del Congreso y portavocía para explicarles la situación y dar directrices de que se mantuvieran en un plano estrictamente profesional. Nunca he sentido mayor orgullo por cómo se comportaron; ojalá algunos dirigentes hubieran estado a un mínimo de su altura. Hoy, solo tengo que darles las gracias y mi mayor reconocimiento por el nivel profesional y humano que demostraron, aun sufriendo como los que más.

Terminó la semana con la convocatoria de un Consejo Político extraordinario, que sería mi última bala para intentar establecer un camino de salida digno a la situación del momento. Al mirar con retrospectiva en esa semana, enterré mis sentimientos hacia UPyD y me convertí en otra persona desde el punto de vista político. Es duro decirlo, siempre supe que no venía a hacer amigos, sino a cambiar las cosas. Ahora me había terminado de desvirgar, había roto todo tipo de lazos emocionales con buenos compañeros, con el idealismo del proyecto, porque el realismo de la situación no permite que sobrevivan los bondadosos o, como dice Maquiavelo, «acaban sucumbiendo ante los que no lo son».

Rosa y yo durante esa semana nos preguntábamos a menudo cómo estábamos. Compartimos penas. En su despacho, al salir, me volvió a preguntar y le contesté: «He aprendido la última la lección que me faltaba: no hay que poner sentimientos de por medio».

> No hay que tener escrúpulos. «La política se hace con la cabeza y no con otras partes del cuerpo»[44]. Posiblemente, esta es una de las lecciones más difíciles de aprender, por lo menos para mí y estoy seguro de su utilidad para aquellos que se quieran involucrar en política. Mejor lo describió Baltasar Gracián[45]: «No hay que apasionarse; si afecta a lo personal, que nunca afecte a lo laboral, pues es la forma más inteligente de ahorrar disgustos y de lograr reputación pronto y fácilmente».

---

44 WEBER, Max, *El político y el científico,* Alianza Editorial, octava reimpresión, 2007 Madrid, p. 155.

45 GRACIÁN, Baltasar, *El arte de la prudencia,* editorial Temas de Hoy, Madrid, 1993, p. 4.

El cinismo obligatorio

Ante tal desencadenante de hechos y la tensión entre los diputados, hablé con Rosa y volví a retomar algunas funciones del gabinete, como la reunión del grupo parlamentario. En tan solo veinte metros que sumaban los despachos de los diputados, había explosionado el partido. Los cinco diputados se veían envueltos de alguna forma en el desencadenante de la crisis; tocaba reunión semanal, y los medios de comunicación colapsaban la entrada de la sede esperando declaraciones de los distintos actores.

Tuvimos una reunión efímera pero cordial. A pesar de la tensión que se podía respirar, recuerdo perfectamente como Rosa llevó la situación con normalidad y se dirigió a cada uno de los presentes. Trabajamos el orden del día entre todos más rápido de lo normal, y terminó como si no pasara nada, aunque pasara.

Qué observé:

Fue una demostración de cinismo, sobrepasando la sinceridad de los pensamientos para cumplir con el rol que te toca desarrollar. Observé como se dominaban los sentimientos en la escena pública. Algo que sería útil para sobrevivir en el día a día de la política. Una habilidad útil que además sirve desde el punto de vista profesional para trabajar con cualquier persona aunque te cree rechazo.

«El partido soy yo»

Esa semana, coincidimos en su despacho Andrés, NFC, Rosa y yo. Recuerdo aquella reunión por escuchar de boca de Rosa la mayor verdad que se podía decir de todo lo acontecido hasta el momento. Recuerdo que mientras comentábamos la situación, en un momento de debilidad me vine abajo, viendo cómo se atacaba a Rosa por todos los francos y cómo el proyecto se esfumaba. Durante el análisis de Rosa — posiblemente fruto de la debilidad— pronunció una frase épica: «El partido soy yo». «No se quieren dar cuenta de que si acaban conmigo, acaban con el partido». Acabamos al rato la conversación, pero analizándola después me di cuenta de que el éxito y desarrollo de UPyD estaba ligado y condicionado a su figura. Hasta el momento, el crecimiento y desarrollo del partido residía en Rosa, así como todos los principales aciertos y errores. Hasta el momento había sido un éxito, una verdadera hazaña que el proyecto hubiera llegado tan lejos y, a pesar de que éramos muchos los que habíamos aportado nuestro granito, la sombra de Rosa era muy grande.

La pérdida de popularidad de Rosa en las encuestas debilitaba al partido y si existía alguna posibilidad de supervivencia, debía de ir de su mano. La estrategia marcada nos estaba llevando a todos por delante. No sé si una transición hubiese dado algún tipo de oportunidad para que continuara el proyecto; de todas formas, son elucubraciones a las que no merece la pena dar más vueltas a lo que pudo ser. Lo que se avecinaba sería la perdición definitiva.

Con un liderazgo tan fuerte, la salvación pasaba por las manos de Rosa. La estrategia eficaz de centrar la responsabilidad en ella había funcionado; se buscaba acusarla de las malas decisiones tomadas y desgastarla hasta que la percepción se impusiera y que perdiera el derecho a ser escuchada.

Al atacar a Rosa, que seguía siendo el principal activo del partido, se debilitaba toda la estructura, que, aunque estuviera consolidada, no tenía suficiente masa para resistir los ataques como pueden resistir los grandes partidos tradicionales.

«No tengo nada que ofrecer, sino sangre, esfuerzo, lágrimas y sudor» (Winston Churchill)

Tras el fracaso electoral, Rosa convocó a los empleados en la sede. Compartió una prolija reflexión sobre la situación en la que nos encontrábamos e intentó insuflar ánimos al equipo. Me dediqué a observar la cara de cada uno de los que estaban enfrente. Una frase que dijo ya estaba en los medios de comunicación: «Creamos un partido para Dinamarca en España», y sentenció el discurso con la clásica de «sangre, sudor y lágrimas».

Me quedé patidifuso, no fui el único. Diría que una gran cantidad de presentes estaban totalmente desorientados en ese momento. Una vez más, al comentar el discurso con algún compañero, la información fue a parar a Rosa. Me escribió para decirme que Churchill lo dijo para ganar, a lo que le contesté que estaba preocupado porque parecía que íbamos al desastre y me daba mucha pena tirarlo al traste. Aquella conversación continuó hasta cerciorarme de que efectivamente íbamos hacia el abismo.

Por otro lado, corroboré que siempre había que tener un informador en cualquier esquina del partido porque la información es poder y si, además, sirve como divulgador, mejor. Este sistema era muy recurrente en el partido, ayuda a prevenir y controlar.

«Hay que ser ortodoxo para defender la heterodoxia»

Solo habían pasado cuatro días cuando se convocó un Consejo Político extraordinario para el 28 de marzo, cuyo único punto del orden del día era debatir sobre una propuesta de resolución que hablaba de la independencia de UPyD respecto a Ciudadanos o cualquier otra formación. En realidad, lo que se iba a discutir era la continuidad de la dirección después de los resultados electorales y la dimisión en bloque de varios miembros del Consejo de Dirección.

Para mí era el colofón a una semana infernal. Aparte de ser miembro del Consejo Político, era el jefe de gabinete del grupo parlamentario, de cinco de los principales actores que estaban desempeñando un papel estratégico en toda esta batalla campal. Posiblemente, tenía uno de los papeles más difíciles ese día. Muy pocas veces había intervenido en el Consejo Político, porque siempre canalizaba la crítica por el canal directo con la dirección. Sin embargo, el día de antes escribí a Rosa por Whatsapp:

—*Descansa si puedes para mañana, que tenemos batalla. Creo que voy a intervenir.*

—*Me gustaría.*

A la media hora me volvió a escribir:

—*Hay momentos en los que la única manera de defender la permanencia de la heterodoxia, de ese espacio, es siendo ortodoxo. Este es uno de ellos.*

Me puse frente al papel a preparar el discurso, pero solo me salía el enfoque de apreciar a los cinco diputados con los estaba trabajando. Cada uno con sus peculiaridades, personalidades distintas e incluso antagónicas, pero un equipo humano único y grandioso. Mi padre me ayudó a centrar el tiro y me recondujo al consejo de Rosa basado en la ortodoxia. Que mi forma de ser es heterodoxa estaba claro, faltaba centrar el argumento para expresar políticamente lo que pensaba y sentirme libre. No compartía la visión de la dirección y tampoco la de la oposición.

En el Consejo Político, mientras escuché a la dirección me hice un guion de seis puntos y, en cuanto se dio la ocasión, me acerqué a la mesa a pedir la palabra uno de los primeros.

Expliqué que quería ser ortodoxo y ceñirme a la resolución que nos traía el Consejo de Dirección, que al final era lo que íbamos a votar. Entendía la necesidad del nacimiento del proyecto en 2007 y reconocía los logros políticos y judiciales basados en la causa justa. Reafirmaba que la clave era una serie de errores de táctica y de comunicación que venían dándose desde las elecciones europeas de 2014 hasta las andaluzas de la semana anterior. En todo ese periodo, había una crisis, y yo lo entendía como una posibilidad, como un punto de inflexión y, por lo tanto, de mejora. Recogí las palabras previas de Rosa en las que hablaba de cambios de forma y de fondo.

Detallé los distintos fallos, como el de percepción que tenía la sociedad sobre el partido, nuestra relación con los medios de comunicación y haberlos ignorado hasta el auge de Podemos, nuestro indiferencia a relacionarnos con grandes empresas del IBEX 35. Recalqué la necesidad de invertir en *marketing* político, en un área que fuera de propaganda pura y dura. Una palabra tan desvirtuada y, sin embargo, tan necesaria para entender la política. Expuse nuestras debilidades, que se habían detectado con los estudios del estratega, como la falta de equipo y la imagen de Rosa. Por último, critiqué la necesidad de mejora en las campañas electorales y en la selección de candidatos a la hora de hacer listas.

Continué exponiendo algunas mejoras que ya habían comenzado a hacerse, como desarrollar por primera vez una estrategia con inversión en redes sociales y cómo esa coordinación había dado al menos cinco *trending topics* en las últimas semanas de manera planificada. Añadí la formación de candidatos, que un compañero nuestro canario, altruistamente, se dedicaba a hacer, la necesidad de expandir el partido mediante el activismo con técnicas de contacto directo que tan ilusionada había empezado a llevar nuestra compañera Alicia Gil. Además, a partir de la llegada del equipo de campaña también se coordinaban los mensajes con todos los cargos públicos y orgánicos relevantes todos los días. Y expuse que la misma dirección con esta resolución asumía sus errores.

Terminé diciendo que las soluciones se basaban en el diálogo, algo en lo que sigo creyendo firmemente. La necesidad de hacer equipo, de estar unidos, es la única que podría salvaguardar el proyecto. No obstante, era necesaria una revisión tras las elecciones autonómicas, no una conferencia, como venía en la resolución. Pensaba que había que debatir en un congreso extraordinario la autonomía del proyecto, pero no se podía cambiar en ese momento el rumbo, en medio de la travesía de unas elecciones, como algunos proponían, porque te lleva la corriente.

El debate fue largo y tenso en un principio, con intervenciones duras, como las de Andrés y Toni. En el discurso de Andrés, vi una posible salida cuando en representación del Consejo de Dirección abrió la puerta a un congreso extraordinario. Me aferré también a esa idea en mi discurso. Terminé apoyando a la dirección, que salió respaldada con el 66 % de los votos, esperanzado de que tras las elecciones tuviéramos ese congreso para reflotar el barco.

> En todo momento, buscaba una salida pensando en el bien del proyecto. Sin embargo, con el tiempo me di cuenta de que no había voluntad alguna y que todo pasaba por la confrontación.
>
> Aquel día nos estábamos jugando cuotas de poder y de representación; la vigente dirección tenía como misión blindar a la portavoz, por eso tenía que salir Andrés como nuevo portavoz adjunto. Escuché que si no ganaban con amplia mayoría claudicarían, pero era un discurso de cara a la galería: la dirección ganaba tiempo, y Rosa retrasaba su irremediable salida en vez de buscarla.

Al mismo tiempo, se puso en tela de juicio el sistema del partido. Surgían críticas argumentando que el Consejo Político no estaba legitimado, ya que se elegía por listas de voto guiadas que no representaban la amplia voluntad de la afiliación.

En aquel momento, pensé que hacía lo correcto apoyando a la dirección, con tan poco tiempo no era el momento adecuado para cambiar de rumbo. Sin embargo, lejos de mejorar, no compartiría la forma de proceder *a posteriori*, contraria a mi argumentación en el mismo Consejo Político. Al cabo de varias semanas, me di cuenta de que varios compañeros pensaban igual: no había espacio para la profesionalización, solo para la lucha de poder.

La inexistente gestión de la crisis

Esa semana previa al Congreso, conseguí hablar con Toni un par de veces, intercambié en confianza puntos de vista confrontados y posibles soluciones. Casualmente, nos sentamos al lado el día del Consejo Político y observaba cómo se calentaba a medida que le metían la pica. Muy a mi pesar, poco pude hacer, por su forma de ser y porque ya tenía decidido cómo proceder.

Aceptó la derrota política para cambiar el partido en ese momento. Se encontró confrontado a una dirección con la que le costaba entenderse, sin presupuesto para la campaña y defendiendo una estrategia política contraria a la predominante en el partido en ese momento.

Aquel Consejo Político fue el hito que terminó condicionando el futuro de un actor tan relevante en el partido como Toni Cantó, que anunció el 7 de abril sin avisar a nadie del partido que dejaba su acta de diputado y la candidatura a la presidencia de la Generalitat Valenciana.

Coherente con su discurso, otorgó ante los medios el puesto que Rosa se merecía en la historia. Lo más llamativo: siempre dijo lo mismo, abogó por la estrategia de llegar a pactos con Ciudadanos y aprovechar para hacer valer nuestro programa y nuestros cuadros de gente formada. Como estratega, se quedó en minoría leal y, si le hubiéramos hecho caso, otro gallo magenta cantaría. Como personaje político, era un trabajador nato, entusiasta positivista, aprendiz continuo, dispuesto y consciente de sus limitaciones. De los únicos en

UPyD que llegaban a un tipo distinto de votante. La imagen frívola de actor era sencillamente la tergiversación posiblemente intencionada de la realidad. Fue doloroso su adiós a nivel político y personal.

El barón de la albufera, tu «asis» y el halcón... ¡Qué grandes momentos! Gracias.

Hablé tras esa semana con Rosa de Toni para el que tenía buenas palabras. Sin embargo, en la gestión de la crisis, nunca entendí que nadie de la dirección mediara en la situación con personas relevantes como Toni. Estoy convencido de que si se hubiera hecho, se hubiera llamado, escuchado incluso negociado, no hubiera acabado igual la historia. Pero supongo que no había voluntad.

> No estábamos preparados para contestar a situaciones de emergencia o errores. No teníamos un departamento especializado para gestionar las crisis. Algo que solo se planteó por Gustavo García Espejo, el estratega que estuvo trabajando con nosotros. Cuando más lo necesitábamos, la misma crisis difuminó el modelo de trabajo propuesto.
>
> Para resolver un conflicto es necesario el diálogo. Cuando las dos partes tienen una postura, pero por el bien de ambas están llamadas a entenderse, hay que desarrollar el arte de la negociación, acercarse a las distintas realidades, convencer y ceder por ese bien común. En definitiva, y para este caso en concreto: crear puentes e integrar, sobre todo teniendo en cuenta lo que se avecinaba.

La marca o la estrategia

La semana después del consejo extraordinario, me dediqué en vano a intentar que el equipo de campaña continuara, pero los resultados electorales traerían consecuencias económicas y políticas catastróficas. Las encuestas de las que tanto nos habíamos quejado se convirtieron en una dolorosa realidad, y los bancos nos cerraron el grifo.

«Los listos», como llamaron a los integrantes del *War Room*, planteaban dos posibles revisiones tras la debacle andaluza: la modificación de la marca enfocada en Rosa Díez, a su reputación, y la revisión de la estrategia política de pactos con Ciudadanos. La dirección no compartía el criterio y sería determinante para el final del *War Room*. Además, la dirección se centró en otro problema transcendental, que era atajar la fractura interna del partido y dejó en segundo plano estas dos cuestiones también vitales.

La fractura del partido generó desconfianza hasta de nuestras propias sombras. De manera paulatina, se fue desmontando el «peligroso» *War Room* por razones de índole económica, pero pronto me dieron otro argumento que en realidad siempre estuvo de trasfondo: no había confianza en las personas que lo componían. Aquel argumento era demoledor, respetable y entendible. Como principal responsable, me afectaba personal y profesionalmente. Fui despidiéndome de un equipo del cual me sentía especialmente orgulloso, por el encaje y su potencial. De ellos aprendí por dónde iba el futuro en la política a nivel de partido. Asumí que no había solución a la mejora del partido de la que hablé apenas unos días antes y que la idea por la que había luchado en los últimos meses había muerto definitivamente. Hablé largo y tendido con Rosa para plantearle que no tenía sentido que continuara en la campaña, me sentía desprovisto de competencias y capacidad para llevar a cabo ninguna iniciativa. Solo quería volver al gabinete del Congreso.

Propusimos en una de las últimas reuniones de campaña visualizar a los cinco diputados conjuntamente en un acto para dar un mensaje de unión. Era imposible. Lo grave comenzaba a ser la polarización de los posicionamientos, en detrimento de la integración para la posible salvación del proyecto. Estábamos heridos de muerte, y por primera vez en casi ocho años estaba desmotivado. Creía que había hecho todo lo que estaba en mis manos para llevar a cambio la evolución dentro del partido hacia un modelo profesionalizado de estructura mayor, y no lo conseguí. Empezamos tarde, con contratiempos, y el adelanto andaluz zanjó mis pretensiones e ilusiones. Lo peor fue tener que escuchar a algunas personas de peso que afirmaban convencidas que lo que yo intentaba era bien intencionado, pero que en realidad detrás de mis movimientos se escondía una artimaña para que Irene se hiciera con el partido.

A la semana volví a hablar con Rosa para decirle que seguía sin ver mi participación en el equipo. Me contestó: «Yo nunca me rindo», pero esto no era una cuestión de constancia ni perseverancia.

Pasaron algunas semanas languideciendo y asimilando las catástrofes internas hasta que se disolvió definitivamente el equipo de campaña.

> Aprendí que hay que tener «listos» cerca de ti; si no los quieras escuchar y no comparten tu estrategia es mejor tenerlos más cerca. Si piensan diferente a ti, te harán ver otras perspectivas que pueden terminar siendo la realidad.

El desangramiento de UPyD: la fuga, el acoso y derribo a la dirección

Desde las elecciones andaluzas fueron todo desgracias. Estábamos en el ojo del huracán mediático por nuestro primer fracaso electoral, pero sobre todo por la desatada crisis interna. Habíamos dejado de ser caballo ganador en beneficio de Ciudadanos y muchos de nuestros afiliados eran conscientes de que se les escapaba una oportunidad en las municipales y autonómicas que se avecinaban. Lejos de arreglarse la situación continuó la inmolación y todavía faltaría la estocada final. Cuasi constituidas las listas, decenas de compañeros en bloque y de manera orquestada abandonaron el partido para negociar en las listas de Ciudadanos. Entre ellos, algunos históricos, como Nacho Prendes, que convocaba el 8 de abril una reunión para hacer una lista conjunta con Ciudadanos en contra del criterio de la dirección del partido al que había pertenecido.

Ciudadanos, mediante declaraciones de su presidente Albert Ribera, ofreció entrar en listas de su partido a todos aquellos que «pensaran igual». Ciudadanos ahora competía por el mismo espacio, consciente de que les faltaban cuadros y estaban sufriendo un crecimiento descontrolado, y qué mejor estrategia que beneficiarse de los magenta a la vez que los debilitaba cogiendo a gente con formación y rodaje.

Algunos no engañaron nunca con su posicionamiento a favor de un pacto con Ciudadanos como Nacho Prendes o Toni Cantó y lo defendieron mientras lo consideraron oportuno en sus círculos y foros pertinentes. Esos órganos se pronunciaron en contra de posibles pactos, como en el recién celebrado Consejo Político. Argumentando la inflexibilidad o la falta de visión de la dirección, pero también ante las desvanecidas expectativas de progresar con UPyD, se produjo la estampida. Hubo una concatenación de fuga de cabezas de lista electoral de nuestra formación a nivel autonómico y municipal. Los candidatos de Asturias y Aragón, o capitales de provincia como A Coruña, Zaragoza, Huesca, León, Jaén o Teruel. Al cabo de unos días, Prendes acabaría de candidato número dos por la formación naranja para el Parlamento asturiano.

Rosa habló de traición en los medios durante esos días, mientras Ónega escribía «Ciudadanos sí paga traidores»[46]. Detrás del adjetivo *traidor* siempre habrá una decepción personal.

El mismo día que Asturias se rebelaba, Irene anunciaba que presentaría una candidatura para dirigir el partido de cara al congreso extraordinario e intentar así contener la fuga de afiliados críticos.

En plena desintegración, hubo que reconstruir las candidaturas. Afrontamos las elecciones autonómicas en plena ebullición de guerra interna, la afiliación desconcertada y con expectativas electorales paupérrimas. Las desalentadoras encuestas sumadas al harakiri interno cerraron el grifo a cualquier financiación bancaria. En medio de unas elecciones duras de afrontar sin recursos económicos y vitales para el partido sufrimos un ataque demoledor para el futuro del partido. En plena campaña se filtró a *infolibre*[47] unos correos de Irene Lozano con Nacho Prendes y otros miembros de UPyD en los que se planteaba la posibilidad de crear la plataforma Encuentro para reunir a todos los críticos y descontentos con la dirección y acercarse a Ciudadanos.

---

46 «Ciudadanos sí paga traidores», Fernando Onega, *lavozdegalicia.es*, 15 de abril de 2015, http://www.lavozdegalicia.es/noticia/opinion/2015/04/15/ciudadanos-paga-traidores/0003_201504G15P15993.htm.

47 UPyD se plantea expulsar a Irene Lozano por realizar gestiones para crear un nuevo partido, *infolibre.es*, 7 de mayo de 2015, en http://www.infolibre.es/noticias/politica/2015/05/07/irene_lozano_inicio_abril_las_gestiones_para_formar_nuevo_partido_fuera_upy_32333_1012.html.

Dábamos una visión externa horrible, asesinándonos entre nosotros. Internamente, la afiliación se encontraba desconcertada y herida con la noticia, pero sobre todo con quien había hecho tales filtraciones. Personalmente, recibí distintas versiones de los hechos: unos apuntaban a la dirección actual; otros, al entorno de Irene, a Prendes e incluso a Toni. Tuve una discusión fuerte con un buen compañero con el que terminé exaltado, diciéndole que aquel que hubiera sido sencillamente era un traidor con mayúsculas al que no le importaba el proyecto ni los candidatos que se partían la cara en la calle. Las filtraciones fueron un mal hábito que se extendió en nuestro derrumbamiento, no con la intención de aprovecharse de la concesión de favores con ciertos periodistas, sino de ahondar en la destrucción del proyecto: un verdadero despropósito.

Un conocido me dijo algo clarificador: «Quién os va a votar, si la gente lo que busca es que los políticos les den soluciones y vosotros sois incapaces de resolver vuestros propios problemas». A lo que solo pude contestar: «Tienes razón».

Todos los ataques que se produjeron al partido se contestaban en modo de batalla campal. Fue la dinámica hasta el congreso extraordinario y más allá. Se crearon bandos y otra vez más la idiosincrasia de la política interna: o estás con nosotros o estás en contra.

En otro frente, dos de nuestros eurodiputados, Fernando Maura y Enrique Calvet, que había entrado en sustitución de Paco Sosa, se alzaban críticos públicamente con la dirección, particularmente hacia Rosa, quien los había defendido antaño en la confección de la lista de las europeas. A principios de abril, fueron suspendidos cautelarmente de militancia[48].

Éramos pocos y tuvimos el error de no mantenernos unidos en las crisis. Parecía imposible la solución por las ambiciones desbocadas, traiciones, sentimientos de odio, sed de venganza, etc. Cuando la situación se convirtió en irreversible, no supimos reaccionar y nos empecinamos en el enfrentamiento. Durante todo este periodo, me mantuve en contacto con todas las personas con las que

---

[48] «UPyD suspende de militancia a los eurodiputados Maura y Calvet», *Elpais.com*, 3 de abril de 2015, en http://politica.elpais.com/politica/2015/04/03/actualidad/1428090642_125446.html.

tenía relación, sin importarme los bandos y ejerciendo el puesto que creía corresponderme.

En una de estas conversaciones que mantuve con una persona relevante del partido, me explicó el futuro necesario, basado en un proyecto de pata negra. Me hablaba de una constricción con pocos afiliados para emerger de nuevo, manteniendo la pureza. No daba crédito a lo que escuchaba. Me espantaba la idea, no por ser pocos o volver a empezar, sino por creer que éramos mejores que el resto y hablásemos de pureza y pata negra para referirnos a los afiliados. Me recordaba a la distinción de seres humanos, unos superiores a otros, moralmente únicos, un argumento histórico para separar y discriminar. Aquello era la «moralización de la política». Lo que nos hacía únicos no era que fuéramos más extraordinarios que el resto de los partidos democráticos —de hecho compartíamos mucho de los mismos vicios—, sino que empezamos de cero con un discurso fresco en el que creíamos firmemente, creando unas reglas internas exigentes, participativas, que nos hacía ser referentes y predicar con el ejemplo. De aquella conversación saqué en claro que había una falta de perspectiva política y de oportunidad para que UPyD siguiera adelante.

La primera reacción tras aquella conversación fue el distanciamiento. Me gustaría pensar que interpreté mal aquellas palabras, fruto del desgaste de la crisis, porque nunca pertenecería a un proyecto así, y si es esto en lo que se convertiría UPyD, me desvincularía.

Qué aprendí:

En el caso de las filtraciones, existía una sed de venganza y destrucción. En palabras de Maquiavelo: «Los hombres hacen daño por miedo o por odio»[49].

Los asuntos escabrosos[50] deben delegarse en otras figuras; en este caso, en otros miembros de la dirección del partido para evitar el desgaste y ataques al líder.

---

49 MAQUIAVELO, Nicolás, *El Principe*, quinta edición, ediciones Temas de Hoy, 1997, Madrid, p. 47.

50 MAQUIAVELO, Nicolás, *El Principe*, quinta edición, ediciones Temas de Hoy, 1997, Madrid, p. 110.

Constaté que con el sistema actual de partidos en España, el poder reside en el partido por encima de los cargos públicos. Sin embargo, el cargo pertenece a la persona, lo que genera una tensión con el partido cuando no coinciden los intereses.

La llamada del poder es fuerte y difícil no seguirla.

La pérdida del talento

El partido se había convertido en una centrifugadora de talento mayor de lo normal; la dinámica bélica no daba margen para sacar lo mejor de la gente, sino para defenderse de cualquier amenaza real o ficticia. Los cuadros internos formados durante los últimos años eran carne de cañón para un proyecto en alza como Ciudadanos. Sin embargo, la pérdida de talento no era solo una cuestión puntual de la debacle: la misma dinámica del partido hacía que el talento se quedase por el camino. Por una parte, era debido a la imposibilidad de canalizar toda esa energía que aportan afiliados y simpatizantes para enriquecer el proyecto. En un proyecto nuevo como era nuestro, se crearon los grupos de trabajo (GTs), que también servían para testar e identificar personas que pudieran aportar al partido. Dentro de los grupos, había personas más conocidas, como Luis Garicano o Francisco de la Torre, y otra mayoría menos conocida, pero fundamental para sacar el trabajo, como Alfonso Sopeña, Alfonso Garrido, Alfredo Rodríguez, Joaquín Gómez, Cristina Chamorro, Emilio Guerra y un largo etcétera; sin ellos, hubiera sido imposible consolidarnos en cada una de las comisiones parlamentarias. Sin embargo, el sistema que creamos delegaba la responsabilidad en los coordinadores de los GTs, quienes filtraban la información y a las personas del grupo. Debido a la eficacia del sistema que pusimos en marcha, desde la dirección no se podía tener acceso directo al talento, tenía que pasar los filtros de responsables y para eso se debía elegir a las personas adecuadas en este puesto de mando intermedio. Debían ser personas que antepusieran el proyecto a sus intereses, personas generosas en busca del talento. Nos faltaba dedicación para esta ardua tarea y tuvimos también algún que otro responsable pernicioso que lo único que buscaba era un cargo público a cualquier precio, sin escrúpulos, hasta conseguirlo con otro partido.

Esta es la idea que teníamos sin desarrollar, alguna vez lo hablé con Carlos; de hecho, empezamos a pedir fichas a los voluntarios de los grupos y localizamos perfiles extraordinarios y únicos para promocionarlos, pero chocaba con la realidad, ya que las listas se confeccionan por los órganos territoriales y posteriormente aprobadas por el Consejo de Dirección, que se reservaba el derecho a enmendarlas.

> Este sistema genera una incapacidad para acaparar todo ese talento, primando en muchas ocasiones la malentendida lealtad, que consiste en adular al líder o responsables de la confección de listas. Este modelo, a excepción del cabeza de lista por ser en primarias, podía generar clientelismo. A la vista está el desastre reconocido en la confección de las listas, como Rosa ha asumido alguna vez con el caso del Parlamento Europeo, en el que nos miró un tuerto.

La bunkerización de la política

La amenaza era máxima, con el incentivo del morbo y el alcance nacional. El partido se hundía, los cambios necesarios ya no tenían margen de desarrollarse cuando la batalla estaba en todo lo alto. Entonces, el sectarismo salió a relucir. El eje del bien y del mal se instauró, la defensa acérrima de un modelo de partido que no estaba dispuesto a cambiar de posicionamiento sentenciaba a todo aquel que no compartiera la misma visión y, por lo tanto, era de alguna forma un enemigo, que no rival. No había margen para el pluralismo. Se hablaba de traición, se empezaba a sospechar de todo el mundo, de mí también, había algunas figuras que se encargarían de mancillar cualquier nombre que no fuera de su agrado. Había una lucha de poder en vilo, y no eran tiempos de críticas ni de cambios de criterios.

Se censuraba la falta de asunción de responsabilidades y la autocrítica por parte del núcleo duro. Se extremó un cerco defensivo en torno a la líder, una defensa al proyecto, la persona y posiblemente a las cuotas de poder. Ese mismo círculo terminaría de ahogar el proyecto por ir en contra de la realidad que se estaba imponiendo.

Durante esa época y para contrarrestar las encuestas, se empezó a utilizar más de lo común todo tipo de *soft evidence*, apoyándose en los ánimos o el voto prometido que nos podía dar el carnicero o una persona que te paraba en un supermercado para combatir la catástrofe que acechaba.

Una de las personas del núcleo duro me comentó que podía llegar a dudar de los posicionamientos o de la visión que podía tener en un momento dado Rosa, pero que ella nunca se equivocaba por el instinto demoledor que tenía.

En esos momentos, llegué a dudar de que los intereses de algunas personas del núcleo fueran en defensa de Rosa. Los ataques mediáticos que recibía no los podía aguantar ningún ser humano; no iban a parar nunca y, sin embargo, parecía que la alentaban a seguir.

Qué aprendí:

De nuevo se aplicaba la teoría de *El concepto de lo político*, de Carl Schmitt. No se admitía la idea de pluralismo, parecía que los pensamientos tenían que ser homogéneos. Era una guerra de «buenos y malos», la cara más cruda de la realidad ontológica del funcionamiento interno de un partido político.

Con frecuencia, algo psicológicamente conveniente, se trataba al «bueno» como «amigo» y a la inversa. Sin embargo, el equipo de confianza que te creas no puede tener el error de tender lazos de amistad por encima de los profesionales. Esta concepción no ayuda para profesionalizar la estructura, va en contra de la meritocracia y puede afectar gravemente a la autocrítica y superación de problemas.

Hay que evitar rodearse de un entorno complaciente enfocado a decir lo que uno quiere escuchar, porque así nunca se podrá trabajar sobre la realidad y superar las adversidades. Con mi experiencia, comprobé que no se puede desarrollar método efectivo de toma de decisiones si se vive en una burbuja alimentada por las personas de confianza que te rodean.

Al filo del ego versus la humildad del liderazgo

Sobre el auge de la guerra interna reflexioné que al final todo estaba relacionado con el ego que, como parte del ser humano, se desarrolla en todas las profesiones. Es verdad que un gran ego en la política es importante para exponerse públicamente y estoy convencido de que el afán de desarrollarlo y de una buena gestión son fundamentos para triunfar en esta jungla.

Sin embargo, en toda la concatenación de errores que estábamos cometiendo, el ego podía jugarnos una mala pasada por tergiversar la realidad del entorno; puede ser determinante para descentrarte de lo racional, para llevarte por la emoción, por el amor propio y por la grandeza de uno mismo. Por eso me parecía fundamental rodearte de esas personas leales, vinculado a la ética profesional, capaces de decirte lo que no quieres escuchar o no percibes. Que no tengan lastres por intereses espurios, o que de tu decisión dependa su puesto, y por lo tanto sean libres para asesorarte con criterio profesional.

Por otra parte, vi sin duda que la parte más destructiva en política es no saber controlar el ego por la ambición e instinto de poder. Explica la gran mayoría de las reacciones o toma de decisiones irracionales; en definitiva, es «maximizar el poder personal por encima de todos los valores».

Al mirar hacia atrás en esta época, me di cuenta de que me había ido fortaleciendo en un puesto de trabajo como jefe de gabinete, en el que para hacer bien el trabajo una de las principales funciones era gestionar los egos de las personas.

> Para subsanar los errores desarrollados por el ego, no encontré mejor solución que la humildad, asumiendo las limitaciones y teniendo capacidad autocrítica.

> La vanidad se paga en el discurso y en la política; sin embargo, la humildad y asunción de errores hace humano y fortalece al líder.

Entre dos aguas

La noche de las elecciones autonómicas y municipales, Rosa anunció que no se volvería a presentar. Se había confirmado la debacle vaticinada. No entramos en ningún parlamento autonómico y apenas superamos el 1 % en todo el país.

El fracaso electoral era un rechazo a la persona de Rosa, pero también el rechazo a la brillantez política, a un partido que se había comportado de manera independiente y revolucionaria en un momento de la historia en que la sociedad buscaba superar una grave crisis de credibilidad política. Fue difícil asimilar el momento en el que estábamos y solo el tiempo daría una perspectiva de lo que nos estaba sucediendo.

Esa misma noche, antes de despedirnos, me pidió que nos viéramos a la mañana siguiente a primera hora. Analizamos la situación política y la del partido, me comentó que creía que Andrés me propondría estar en su equipo, y así lo hizo un par de días después. Semanas antes, Irene hizo lo mismo, me planteó posiblemente al primero formar tándem en la alternativa a la dirección.

Al mismo tiempo, el liderazgo de Rosa se tambaleaba: diez miembros natos de la dirección habían dimitido, la última por carta privada no publicada, una dimisión más y se nombraría una gestora.

Se avecinaba el choque de trenes. Luché por intentar crear una corriente integradora que cogiera peso, que evitara personalismos y pensara en el bien común de lo que quedaba de proyecto. Mis esfuerzos fueron estériles. Fueron días difíciles de café, de muchas conversaciones, complicidades y, por qué no decirlo, de decepciones.

Por esa posición junto a otros compañeros, recibimos los apodos de «buenistas», «equidistantes» o «templados». Una ristra para sumar a la colección que había adquirido en distintos hitos históricos del partido como «los jerecianos», «no alineados», «los semicríticos» o «los listos».

Para tensar más la cuerda, se sumó el ERE del partido. Bastantes compañeros me pidieron que me presentara como representante de los trabajadores, y salí elegido. La situación se convirtió en extrema.

Por vez primera en ocho años, tuve el síndrome dominical: experimentaba un bajón anímico por las tardes pensando en tener que volver a trabajar. El cerebro no paraba de revolucionarse intentando buscar una solución al proyecto y al plano personal.

Las candidaturas avanzaban, y los plazos del ERE se consumían. Los cuchillos volaban, los insultos eran gratuitos, compañeros de un mismo equipo se enfrentaban abiertamente en redes sociales faltando al respeto. Algunos eran teledirigidos, la imagen era lamentable.

Entonces, hablando con la persona más importante de mi vida interioricé lo que me pasaba: no era libre. Estaba sufriendo algo que me costaba recordar, pero criticaba ocho años antes, cuando comencé esta profesión: tener la vida resuelta para dedicarte a la política.

Cuando me sumergí en esta aventura, argumenté que era un tren de alta velocidad único… hasta que se estrelló. Hubo gente que me lo advirtió. En la cresta de la ola me sugirieron tener un plan B; mientras me fue bien me volqué de manera incondicional, consumiendo mi vida personal. El tiempo se precipitó, otros compañeros volvieron a sus profesiones mientras la mía se había convertido en UPyD.

Asumí hace tiempo que me había convertido en un hombre de partido, pero lo grave es que dependía de manera íntegra, tanto emocional como económicamente, de UPyD y, por lo tanto, no podía tomar decisiones bajo criterios exclusivamente políticos. Al pensar en cuál era la mejor solución para el proyecto, se me cruzaba la variable de llegar a fin de mes, de pagar la guardería y mantener la estabilidad personal y familiar. Suficiente para saber que mis decisiones no serían acertadas ni se ceñirían a dos reglas de oro básicas, como anteponer los intereses generales del proyecto a los míos propios y ser económicamente independiente de los ingresos que la política me proporcionaba. Lo sabía aunque no quería: tenía que irme.

Después de tres intentos revestidos de distinto velo para integrar, acepté que «no puedo hacer otra cosa, aquí me detengo», como diría Max Weber[51]. Era mi responsabilidad con el proyecto y conmigo mismo. El romanticismo de UPyD moría.

---

51 WEBER, Max, *El político y el científico*. Alianza Editorial, octava reimpresión, 2007, Madrid, p. 177.

Qué aprendí:

Cuando no hay voluntad de entendimiento, achacada a la incapacidad de apreciar el punto de vista del otro, solo queda la confrontación y una cuestión de lucha de poder: la guerra.

En momentos de guerra, de tensión y presión, es difícil pensar con claridad, especialmente si estás sufriendo. Me decanté desde el principio por una estrategia errónea de integración. Aunque a mi parecer fuera la única salida, no era un escenario que se contemplara.

Si no te pronuncias en la batalla a favor de un bando, corres el riesgo de quedarte fuera. Aunque en mi caso, después de decirles que no a Irene y Andrés, pude descansar y dormir tranquilamente.

La neutralidad, aunque en mi caso no la era pero se entendía como tal, no es provechosa en política. Como dice Maquiavelo: «En cualquiera de los casos, te será más provechoso definirte y participar en el conflicto, pues en el primer caso, si permaneces neutral, quedarás en manos del vencedor para gran placer y satisfacción del vencido, y no tendrás ni motivos ni nada que te defienda, ni tampoco quien te acoja, porque quien gana no desea amigos sospechosos y que no le ayuden en las adversidades; mientras que quien pierde tampoco te cogerá por no haber querido tú, con tus armas, acompañarlo en su suerte»[52].

Por otro lado, tan importante es la prudencia como el coraje, pero como señala Ignatieff, siempre debes de ser fiel a ti mismo, por encima de la lealtad al líder, al proyecto o a aquellos a los que representas. Si te engañas perderás la orientación y tarde o temprano serás carne de cañón. En momentos de dudas, que son continuos en este entorno es importante que te guíes por tus principios, por el instinto y sobre todo por un buen equipo donde la crítica constructiva sea la esencia del mismo.

Según Weber[53]: «Hay dos formas de hacer de la política una profesión. O se vive "para" la política o se vive "de" la política. La oposición no es en absoluto excluyente». Al vivir para la política le

---

52 MAQUIAVELO, Nicolás, *El Príncipe*, quinta edición, ediciones Temas de Hoy, 1997, Madrid, p. 131.

53 WEBER, Max, *El político y el científico*. Alianza Editorial, octava reimpresión, 2007, Madrid, p. 95.

das un sentido a la vida sirviendo a algo, pero vivir «de» es un concepto como fuente de ingresos duradera. Sin embargo, me encontraba en una situación en que no era libre en las decisiones políticas. Tal y como está concebido el sistema político, es proclive para el funcionario, por tener la vida económica esencialmente resuelta y para aquellos que se puedan permitir dedicarse sin tener en cuenta los ingresos mensuales. También es fácil que el mismo sistema genere redes clientelares dentro del partido, ya sea por la necesidad de tener un cargo o un puesto de trabajo para subsistir.

El funeral de UPyD

La peor previsión que algunos hicimos se cumplió. Hubo choque de trenes el día 11 julio en el congreso extraordinario en el que se decidía el nuevo Consejo de Dirección en el Círculo de Bellas Artes. El escenario, sobrio, de fondo negro, sin decoración alguna más que un atril con flores a los pies y una pantalla en cada lateral. De las cuatro candidaturas que había, se preveía que solo dos tuvieran oportunidades de ganar: la lista de Unidos, de Andrés Herzog, y la de Renovadores, de Irene Lozano.

El ambiente estaba enrarecido, la tensión se palpaba mientras las urnas estaban abiertas. Algunos, de hecho, se quejaron públicamente porque compañeros que respaldaban otra candidatura les habían retirado el saludo. En mi caso, saludé a varios compañeros históricos. Uno me comentó seriamente que si ganaba Renovadores, no contáramos con él para nada. A su vista parecía un renovador. Ganara quien ganara habría sangría en la menguada afiliación. A otra persona a la que considero fundadora, le pregunté qué tal y me contestó que deseaba que mejor que yo, porque esperaban ganarnos. Le tuve que explicar que no estaba en ninguna candidatura y había renunciado a ello. Era preocupante que pensara así la gente, evidenciaba la polarización, la tensión y el llamamiento a filas.

Hubo intervenciones de una treintena de afiliados de todo tipo de enfoque político. De las que pude ver, me llamo la atención la intervención de Luis de Velasco, reflejando el malestar existente; comentó cómo era posible que hace tan solo unos meses fuese un tío «cojonudo», de los más queridos, y ahora había compañeros que le retiraban el saludo por estar en una candidatura que no apoyaban.

Habría que estudiar la facilidad de cómo se utiliza tan livianamente en política las palabras *traidor* o *lealtad*. Parece que este uso es fruto de un posicionamiento de guerra para definir; no importa lo que hayas hecho, sino de parte de quién estás. Aunque ayer te venerase la mayoría de los compañeros, si no estás alineado en el momento adecuado con el bando preciso, sufrirás el castigo y la marginación, dejando siempre los argumentos en un plano secundario y la integración para casos excepcionales. Diría que son celos propios del sectario. Son reglas para tener en cuenta cómo funciona la praxis del mundo de la política.

Ese día, Rosa se despidió como líder de UPyD llevándose la gran ovación, dio las gracias, pidió perdón por errores o daño que hubiera causado y terminó con una última frase: «Dios salve a los guerreros que son fieles a su pueblo»[54]. Ese día se acabó todo, una oportunidad perdida.

El resultado fue igualado. Andrés se erigió nuevo portavoz para sorpresa de ellos mismos. En mi opinión, ganase quien ganase, perdía UPyD; cualquier tipo de transición quedaba rota por las consecuencias del enfrentamiento. El nuevo eje era el de vencedores y vencidos, con sus consecuencias nefastas para el partido, como la falta de voluntad para tender puentes. Ese mismo día, la afiliación se desplomaba.

Que hubiera gente que estaba feliz por el resultado dejaba claro que se pensaba en tener las llaves del ataúd para enterrarlo o que no eran conscientes de la realidad fuera de UPyD. La felicidad se vendía en envoltorio de la autonomía de un partido de «pata negra», de orgullo, de libertad por no acabar en manos de Ciudadanos. Para mí, lo que estaba sucediendo era distinto. Con la división y el adiós de Rosa, desaparecíamos del mapa del todo. Habíamos llegado tarde para diagnosticar nuestra enfermedad. Cuando quisimos poner-

---

[54] https://www.youtube.com/watch?v=mkldgxb6H6k.

nos a enmendar, hubo reticencias, y las elecciones nos colocaron en la realidad de la situación. Ahora, nos habíamos matado entre nosotros, y Rosa se iba de la primera línea. Habíamos perdido definitivamente el rumbo para intentar liderar España. La afiliación bajaba desde hacía semanas continuamente con picos drásticos, como tras las elecciones o el congreso extraordinario. El bueno de Álvaro Anchuelo se quedó en el camino. En los días siguientes, se irían personas notables como Luis de Velasco, David Andina, referente de los jóvenes, o Toni, que tenía apalabrada su entrada en Ciudadanos.

El siguiente martes, antes de comenzar la junta de portavoces, Rosa estaba radiante. Me habló acerca de alguna persona que había sido allegada y que se acababa de dar de baja y por otros «cercanos» que se iban a ir. Me comentó que estaba contenta y feliz. No dudo que es lo que sentía porque, según yo lo veía, había una vencedora y una vencida.

Los restos de la decadencia

El mismo día del congreso sería la fecha final para muchos compañeros trabajadores del partido, afectados por el procedimiento de despido colectivo que comenzó a finales de mayo. Habían sido unas semanas muy duras, con tensión y suspicacia en la gestión y resolución contractual de los empleados, que acabaría con el despido del 75 % de la plantilla. Antes de las autonómicas, nos dijeron que nadie quedaría tirado por el camino: la realidad fue un despido colectivo con los mínimos días, y cada uno buscándose la vida. Durante este periodo, posiblemente por ser elegido representante de los trabajadores, tuve algunos de los peores momentos en UPyD, que me generaron verdaderos disgustos. La paranoia desatada sobrevolaba la situación. Se llegó a tergiversar el proceso hasta mezclarlo con la batalla campal por la nueva dirección. Sufrimos otro desgraciado episodio de filtración: los empleados nos enteramos mediante la prensa de que habría un despido colectivo que afectaba a toda la plantilla, lo cual crispó los ánimos de bastantes afectados. Al final se resolvió, tras el fracaso electoral, sin presencia institucional ni ingresos, se despidió a casi toda la plantilla: una tragedia.

Se palpaba la decadencia por las derrotas electorales y el congreso interno. Lo más duro fue ver como paulatinamente se iban yendo buenos compañeros, la mayoría de ellos trabajadores jóvenes con ilusiones y proyectos por hacer, históricos afiliados, algunos de ellos ahora puedo decir que amigos y, sobre todo, mi equipo. Un núcleo importante del gabinete se mantuvo, pero pocos meses más.

La sede nacional del partido parecía un cementerio. Apenas estaban ocupadas seis sillas en comparación con los que llegamos a estar en las elecciones andaluzas, se levantaron tabiques para reducir metros y devolver parte alquilada. Además, se cerrarían las aproximadamente cincuenta sedes, todas excepto la nacional, que tenía algún mes de contrato en vigor. Cuando hablaban de UPyD con las elecciones nacionales por delante, hablaban de nosotros en pasado, dándonos por muertos.

El desmoronamiento se hizo efectivo. El teléfono apenas sonaba, en contraste con esos días en que era imposible atender todas las llamadas. Tuve una extraña sensación con el descenso de llamadas en mi teléfono móvil, fruto de la pérdida de funciones y responsabilidades. Sin embargo, por primera vez en ocho años, teníamos tiempo libre para reorganizar la vida.

> Sabía de la imposibilidad de la amistad en la política como arma preventiva y sin esperar nada de nadie. Ahora, con el tiempo, con la decadencia y la soledad, fuera del entorno de poder, se descubre quiénes son los que te echan una mano, se preocupan por ti y los puedes llamar amigos. Muchos desaparecieron; otros muchos, sorprendentemente, no.

La meritocracia en la política

Las ironías de la vida me enseñarían un aprendizaje tan real de la política misma. Algunas personas que habían pendido de un hilo, poniéndose en duda sus puestos de trabajo tan solo meses atrás, ahora asumían peso en lo que quedaba de partido. Con alguno de ellos incluso medié para evitar que fuese despedido pocos meses antes. El principal valor de estas personas era haberse alineado en el bando «ganador» y eso tendría su recompensa.

Gente ahora capacitada, pero hace unos meses totalmente cuestionada. Supongo que en tiempo de crisis no hay cabida para la meritocracia o que todo aliado es bueno para derribar a tu enemigo, aunque no te fíes de él.

Hubo un tiempo en el que parecía que la meritocracia se podía llevar a cabo, contratando a una mayoría mediante procesos de selección abiertos, como los cuadros intermedios que eran los gabinetes. Una elección que se basaba en capacidad y profesionalidad, aunque tuvimos errores que asumo. Personas que si la historia se hubiera escrito de forma distinta, hubieran ido creciendo en la estructura hasta ser una buena cantera de cargos públicos; muchos de ellos no eran ni de UPyD cuando empezaron a trabajar. Aun así, recuerdo que algunas personas de otros departamentos estudiaban los perfiles que contrataba por desconfianza e inseguridad.

Pero el enfrentamiento político, la lucha de poder continuo, incluso una vez acabada, no daba margen para la integración: solo miserias y enemigos.

Un día, hablando con Luis Arroyo, experto en comunicación política, comentábamos lo miserable que puede ser esta profesión; me hizo una reflexión sobre la lucha de poder continua. En nuestro caso, tuvimos la suerte de que un liderazgo fuerte nos dio alas para dedicarnos a la política durante ocho años, pero es cierto que, cuando comenzó la debacle, todo se centró en la lucha de poder.

Qué aprendí:

La meritocracia no es posible en la selección de equipos. Cuando hay una lucha interna y cuando los procesos internos desgastan la estructura. Y cuando no la hay, siempre existen dudas, basadas en la desconfianza, al atraer al proyecto a gente desconocida, aunque tengan perfiles totalmente profesionales.

La lealtad personal por encima de cualquier criterio profesional tiene su recompensa en política. Los mejores deberían estar en puestos acordes a sus competencias, pero el amiguismo funciona. Funciona que te rodees de aquellos que te apoyan en detrimento natural de aquellos que pueden ser válidos pero de los que desconfías.

Es más fácil desintegrar, incluso puede ser un instinto visceral enemistarte, que hacer equipos con gente a la que tienes que perdonar aunque sea por el bien del proyecto.

La obcecación por la lealtad personal, en vez de buscar la meritocracia, convierte el entorno en clientelismo.

El entierro público

Quedaban por afrontar las elecciones del 20D. No habíamos dejado de existir, pero fuimos relegados al ostracismo. No importábamos apenas; quedaba el morbo de si se terminaría o no por disolver la formación tras los resultados electorales de las nacionales. Sin embargo, la irrelevancia era casi absoluta. En las encuestas, la mayoría de las veces no aparecíamos ni preguntaban por el nuevo portavoz. Sin presupuesto, sin motivación, el partido por reconstruir, sin casi recursos humanos contratados o voluntarios, con un ERE de más de cincuenta personas y la afiliación en su nivel más bajo desde los orígenes del partido. A pesar de todo, seguimos presentando iniciativas, aun sabiendo que no daría tiempo a tramitarlas, y sacando la actividad parlamentaria hasta el último día, como si después de la legislatura fuéramos a continuar.

Mi respeto y admiración por aquellos compañeros que intentaron hasta el último día dar lo mejor de sí mismos para que el proyecto siguiera adelante, luchando por un escaño que buscara la permanencia. Incluso con ilusión.

Con la nueva dirección, quedé relegado a pocas funciones dentro del Congreso, alguna lo suficientemente relevante como para evitar que no volviera a inmolarse lo que quedaba del grupo parlamentario.

Antes de la cita electoral, Irene se integraría en las listas del PSOE con Zaida Cantera, buscando continuar una carrera política. Para muchos de los que quedaban, aquello fue un alivio y la gran traición, lo que la ratificaba como la mayor enemiga del purismo magenta.

Fueron meses agónicos. Por otro lado, se vieron las miserias del comportamiento del ser humano con un coste de aprendizaje único. Malos que se volvieron buenos, y buenos, malos; otros serían malos malísimos, y antiguos lastres se convirtieron en pulcros referentes. Se impuso la palabra *orgullo* como luto durante los últimos meses; cuanto más insignificantes éramos, más hincapié se hacía desde dentro a todo lo que habíamos dicho o hecho. Quizás no era paradójico: el orgullo y la vanidad nos terminó de matar.

Las elecciones del 20 de diciembre confirmaron lo pronosticado, y el entierro se hizo público. En la noche electoral, la gente lloraba por las esquinas. Los últimos días se dedicaron a destruir papeles, desmantelar y vender todo tipo de mobiliario que se hallaba en la sede nacional. Mientras, lo que quedaba del partido se debatía en continuar o disolver el proyecto. Miembros de la dirección que llevaban meses defendiendo la continuidad de UPyD, incluso en la noche electoral, abogaban pocos días después por cerrarlo; sin embargo, serían víctimas de su discurso: lo que quedaba de la afiliación había comprado plenamente la identidad del orgullo y de pata negra. Entonces, llegaría el desengaño desangelado.

Hubo gente que se dedicaría a buscar culpables, «cosa propia de viejas»[55], habíamos perdido la guerra y sencillamente quedaba felicitar al ganador. Analizar las consecuencias por si algún día sirviera como aleccionamiento para volver a intentarlo.

Lo perdimos todo en el proyecto: un futuro, la posibilidad de cambiar la historia. En mi caso, ocho años de dedicación plena, aprendiendo de los mejores, de retos ilimitados, de aprendizaje continuo, de construcción de sueños que llegué a rozar y en cuanto los toqué, se evaporaron. El camino que anduvimos francamente mereció la pena.

---

55 WEBER, Max, *El político y el científico*. Alianza Editorial, octava reimpresión, 2007 Madrid, p. 159.

Solo puedo desear que la gente sobrevuele la concatenación de errores que cometimos, y una vez enterrado el muerto, se brinde por él y se nos reconozca el papel tan determinante que tuvimos..., una tradición inequívocamente española. Fuimos pioneros en poner en evidencia las debilidades del bipartidismo, rompimos el muro y nuestras cabezas al hacerlo, abrimos un camino que está por explorar y algo realmente gratificante: miles de ciudadanos volvieron a creer en la política, aunque fuera por un tiempo limitado, soñando con que otro país era posible.

El adiós

Al final, llegó el adiós. Cuando te despides de tanta gente, durante un largo tiempo te llegas a acostumbrar. Entonces llega el momento de recoger tus cajas y parece que tiene poca importancia, sin apenas sentimiento alguno después de la travesía.

Hace tan solo cuatro años, echamos a parte del PSOE de sus despachos del Congreso. Ahora, a mediados de enero de 2016, tocaría nuestra mudanza para cederlos a Ciudadanos. Los últimos que quedábamos en el Congreso contratados seríamos cesados, y los del partido, despedidos en un segundo ERE; había que reinventarse y buscarse la vida. Se terminó la agonía. Sumido en una desmotivación desoladora vería el tan anhelado cambio desde casa. Cargaría con el marchamo de mi puesto a nivel profesional, pues es parte de la política. Aunque me hubiera distanciado de la estrategia adoptada, yo estaría marcado. Tuve la grata consolación de ver y ayudar a parte de mi equipo a reubicarse en otra formación. Había concluido una etapa.

Al poco tiempo, la estrategia de disolución terminó por aflorar de manos de quienes fundaron el proyecto. Algo posiblemente insólito en la historia de los partidos políticos. A principios de febrero, en cascada, por redes sociales, irían dimitiendo[56] Carlos, Rosa y Andrés entre otros, argumentando una muerte digna, desorientando a todos aquellos crédulos que creían en el orgullo de UPyD y se-

---

56 «Rosa Díez abandona UPyD y reclama su disolución», *Elmundo.es*, 2 de febrero de 2016, en http://www.elmundo.es/espana/2016/02/08/56b84786268e3ed2078b4593.html.

guían afiliados. Tengo que reconocer que tengo la suerte de no ser fundador para no tener que sufrir la impotencia de abandonar el proyecto que fundé por ser ahora residual, por miedo a acabar en manos de cualquiera. Hablé con Rosa uno de esos días y escuché principalmente; luego pregunté por la gente que quedaba, por los cargos públicos. No lo entendí, chocaba con el «yo nunca me rindo» o «mientras sea necesario existirá UPyD». Aunque es cierto que se abría una oportunidad para algo completamente nuevo, pues nunca más sería el partido de Rosa Díez. Una oportunidad desde las cenizas para cambiar la marca y la estrategia.

> Aprendí que la incongruencia es parte del ser humano, es parte del político y siempre está asociada al desconocimiento o a un interés. Se puede llevar a un máximo inimaginable defender una postura y con el tiempo otra distinta. Al final, veía como la gente cambiaba de opinión, yo mismo también, escribiendo cada uno sus propios argumentos y su propia verdad en la que uno se justifica y siente a gusto.

Lección sobre la lealtad

Sufrimos «la moralización de la política», así se lo escuché a mi compañero Juande. Esa moralina basada en la distinción tan acérrima de lo que es «bueno» y «malo» o de la lealtad y deslealtad. Tras el hundimiento, empieza un proceso de reinvención. Reflexiono sobre lo acontecido con tanta miseria, estoy convencido de que la lealtad se basa en decir tu verdad aunque no se quiera escuchar, por respeto. La lealtad en la política consiste en pensar en el interés general, no en el particular. Pero reitero que en política la lealtad es principalmente con los votantes y con los ciudadanos, con los que adquieres un compromiso. Hay quien lo intenta llevar a la lealtad hacia la persona, incluso a un plano emocional o sentimental, pero eso se llama fidelidad.

No levanté el cuchillo como algunos esperaban. Fue un error de cálculo no hacerlo si hubiera querido tener alguna posibilidad de carrera política en ese momento. La única recompensa ha sido estar a gusto con uno mismo; aunque lo parezca, no es poco.

En este caso, me pareció fundamental saber decir que NO. La ambición de poder en política funciona como una adicción. Difícil de controlar porque siempre quieres más. Se pone en tela de juicio el objetivo prioritario, por lo que te dedicas a la res pública, realmente quieres cambiar y ayudar a evolucionar la sociedad o sencillamente es ambición de poder dentro del partido, de un cargo público, de formar parte de la toma de decisiones, etc.

En las decisiones importantes, atormentado y presionado, no puedes perder el rumbo de cuál es el objetivo final. Se debería plantear el poder como el medio y no como un fin porque pervierte tus funciones y tu objetivo, este es mi aprendizaje, pero choca firmemente con los grandes autores como Maquiavelo o Weber, y también con lo experimentado para sobrevivir en este entorno.

Después de todo, la lealtad como la entiendo no tiene la necesidad de recompensa o de éxito, y cabe perfectamente la soledad por discrepar, la marginación cuando dejas de ser útil y no compartes los criterios de quien lleva la batuta.

Las reformas pendientes de hacer

Tanto Rosa como UPyD pasaremos a la historia cuando pudimos haber sido leyenda. Ya se ha reconocido mérito a la formación magenta por ser pioneros en romper el bipartidismo. Del manifiesto fundacional a llevar a cabo todas propuestas políticas en las instituciones fue un camino largo que se fue desarrollando con estudio y ayuda de voluntarios, expertos y sociedad civil, que profundizaban en cada una de las materias.

Uno de los objetivos que nos marcamos era que los ciudadanos recobrasen el interés por la política y la credibilidad en los políticos. La realidad es que una gran parte de las personas no tienen interés sobre la actividad parlamentaria, o es exiguo. Algunos medios han sabido canalizar las inquietudes políticas de la gente mediante programas televisivos, a pesar del rechazo al sistema del insulto del tú más y al incumplimiento continuo de los programas electorales. Sin embargo, aunque existe una élite política encerrada en su burbuja para hacer propaganda de forma teledirigida, el Parlamento como corazón de la democracia debe adaptarse a los nuevos tiempos y aprobar reformas útiles para la sociedad. Algo que con la irrupción de nuevos partidos debería llevarse a cabo... o no.

La reforma de la Constitución

Quizás reformar la Constitución es una idea que ha calado dentro de parte de la sociedad, muchas veces sin saber para qué o con razones opuestas según el partido que lo defienda. Desde que entramos al Congreso, en la investidura de Zapatero, siendo la primera intervención de Rosa, el 9 de abril de 2008, pusimos sobre la mesa la necesidad de la reforma constitucional:

«No apoyaremos, señor candidato, a ningún gobierno que no se plantee como objetivo prioritario de esta legislatura impulsar un pacto de Estado para la educación y también devolver al Estado la competencia educativa a través de la reforma de la Constitución»[57].

Íbamos con más de ocho años de adelanto sobre el resto de las formaciones políticas, que empezaron a interiorizar el discurso de una reforma necesaria para resolver los principales asuntos pendientes desde la transición española. A medida que avanzó ese tiempo en el Parlamento, abanderamos una serie de causas justas, de reformas que considerábamos necesarias para avanzar en nuestro país. Esas propuestas las introdujimos en nuestro ideario hasta convertirlas en nuestro ADN político. El éxito no fue identificarlas, sino introducirlas en la agenda política, obligando al bipartidismo a pronunciarse sobre cuestiones incómodas que querían evitar. Muchas eran reformas radicales en la lucha contra la corrupción y por la transparencia. Otras apuntaban a la Constitución o a la reforma de las administraciones públicas.

No cabe duda de que tarde o temprano será necesario abordar los techos competenciales de las distintas administraciones por las consecuencias nefastas que han creado en contra de la igualdad y

---

[57] Diario de sesiones del Congreso de los Diputados, sesión plenaria núm. 3, celebrada el 9 de abril de 2008, pag. 9. http://www.congreso.es/public_oficiales/L9/CONG/DS/PL/PL_003.PDF#page=16.

por la convivencia entre todos los españoles. Introdujimos medidas, basadas en la eficacia, que deberían ser objeto de estudio para vertebrar el Estado y modernizarlo, como la fusión de municipios de reducido tamaño o la supresión de diputaciones provinciales. Abanderamos la devolución de varias competencias al Estado para garantizar la igualdad de los españoles, haciendo especial hincapié en la educación, la sanidad y la justicia. Introdujimos debates en nombre de la regeneración democrática como la reforma del Consejo General del Poder Judicial, siendo el único partido que se quedó intencionadamente fuera del reparto por principios. Nos quedamos solos en la defensa de estas causas. Con el objeto de eliminar las desigualdades, trajimos al Congreso la eliminación de derechos históricos que se otorgan a los ciudadanos solo por vivir en un territorio distinto; por eso defendimos la eliminación de los fueros del Reino de Navarra y de Euskadi, un posicionamiento que en esas comunidades no darían votos.

Por no hablar de la reforma del Senado para dotarlo de competencias y que sea un sistema bicameral productivo; si no, sencillamente, suprimirlo. A pesar de la ausencia de UPyD en las instituciones, estos asuntos habrá que afrontarlos tarde o temprano porque son de máxima actualidad y están pendientes de resolver.

Cosechamos y morimos antes de recoger los frutos. Serán otros los que se sentarán a negociar y trabajar un nuevo marco constitucional que se adecue a la evolución democrática española. Nosotros no estaremos ahí, por lo menos no estarán las siglas de UPyD, el proyecto que introdujo la necesidad del cambio y marcó las líneas a seguir.

La reforma del Congreso de los Diputados

En la X legislatura, se aprobó en Pleno una moción del IU para trabajar la Comisión de reglamento del Congreso de los Diputados, y nosotros profundizamos en la materia. Revisamos un texto basado en normas decimonónicas que está lejos de generar una actividad útil, práctica y atractiva para el ciudadano. Lo comparamos con diez parlamentos democráticos referentes a nivel mundial con el objeto de darle una mayor relevancia a la Cámara Baja como institución primordial dentro del sistema político de España mediante participación ciudadana y transparencia. Abarcamos la transparencia de la Cámara proponiendo mejorar el sistema de rendición de cuentas de los diputados, siendo necesario publicar los gastos derivados del ejercicio de sus funciones, como los viajes, agilizar los debates parlamentarios, regular los *lobbies*, favorecer el contacto y la atención de los representantes públicos hacia los ciudadanos fomentando su participación en la toma de decisiones. Propusimos la agilización del debate e improvisación en cuestiones tan elementales como las preguntas parlamentarias en la sesión de control, la asistencia parlamentaria, la racionalización de horarios, etc.

El mismo Grupo Popular se encargó de que descansaran los trabajos realizados en el sueño de los justos. Nos encontrábamos con el mismo problema que había existido en los ulteriores intentos: no había voluntad política. Una nueva legislatura sin mayorías y con afán de cambio debería ayudar a eliminar esa resistencia, y donde negociar fuera más que obligatorio para sobrevivir.

Otras reformas prioritarias

Introdujimos en la agenda parlamentaria distintas iniciativas que generaban rechazo. Nos regalaban adjetivos indistintamente desde ambas bancadas del hemiciclo, acusándonos de «oportunistas» y «demagogos». Quizás no fueron del agrado del bipartidismo en su día, pero tarde o temprano se tendrán que abordar. Los llamados partidos emergentes ya han ido recabando una parte importante de las propuestas en sus programas. Entre las que se presentaron de UPyD y siguen estando de actualidad, cabe destacar varias.

Un catálogo único para acabar con las trabas entre las administraciones; la reforma de la LOREG para que el voto de todos los ciudadanos valiese lo mismo o las listas abiertas y desbloqueadas; la reforma del régimen legal del indulto para que se dejara de usar arbitrariamente y se pudiera recurrir la concesión; el pacto antitransfuguismo; la eliminación del aforamiento, que caló en la sociedad española, dejando en evidencia los privilegios del régimen bipartidista frente al resto de la sociedad; la publicación de las nóminas y de las agendas de los diputados como el resto de reuniones del gabinete con la sociedad civil o los distintos *lobbies*; cerramos las puertas a los imputados en las listas electorales y se lo exigimos al resto de formaciones; algunas como Ciudadanos lo asumieron rápidamente.

Intentamos suprimir privilegios de cargos públicos, como la revisión del estatuto de los expresidentes del Gobierno para regular las incompatibilidades, impidiendo que puedan tener retribuciones con cargo a fondos públicos y privados. Asimismo, introdujimos el debate y la propuesta de regulación de las llamadas «puertas giratorias» para recolocar políticos en empresas. Propusimos la elaboración de una ley de sueldos de la Administración y cargos públicos con tramos salariales en la que el presidente del Gobierno fuera el más elevado, acorde a sus responsabilidades y cargo.

Con el famoso escándalo de los «papeles de Bárcenas», introdujimos una batería de iniciativas destinadas a evitar el cobro de sobresueldos; iniciativa que evidentemente no salió adelante. Además, propusimos una ley que regulase el sistema retributivo de los miembros del Gobierno, altos cargos de la Administración General del Estado y los restantes cargos públicos electos.

Fuimos perseverantes en la independencia de los órganos reguladores, denunciamos el reparto sistemático para nombrar al gobernador de España, rechazamos la forma de elección de la Comisión del Mercado de Valores, llevamos al Tribunal Supremo el reparto acordado de cargos del Consejo de Seguridad Nuclear, etc. A pesar del empeño, casi todo está pendiente de reformar.

Pusimos énfasis en garantizar los derechos de los españoles a utilizar la lengua oficial o cooficial que deseasen con la administración en las comunidades que tienen dos lenguas. Un tema que el Partido Popular no sacaría nunca por complejo, pero que no le quedaba más remedio que apoyar.

Llevamos otras propuestas que fuimos incorporando, como el desarrollo del Título II de la Constitución relativo a la Corona; creíamos que había que definir la institución dentro del funcionamiento democrático y que se regulase la inhabilitación, regencia, tutela del rey, abdicación, renuncia, etc., para evitar el vacío legal que ocurrió tras la abdicación de don Juan Carlos I.

Introdujimos en la agenda el modelo de un contrato único indefinido con indemnización creciente y la renta activa de inserción para eliminar el requisito de superar los cuarenta y cinco años de edad para aquellos trabajadores que hubieran agotado la prestación

En materia de energía, planteamos un plan energético nacional que combinara el «*mix* energético» y utilizara todas las fuentes de energía, incluida la nuclear, en un país con una tasa de dependencia energética exterior de las más altas de Europa.

En medidas sociales, llevamos la bandera de la custodia compartida, impulsando la conciliación y atendiendo al interés superior del menor. Esta iniciativa la aprobó el Gobierno cuando la propusimos a principio de la X legislatura, pero luego fue fruto de otro de sus incumplimientos. Además, fuimos pioneros en proponer una tarjeta sanitaria única, así como la creación de un calendario de vacunación único y propusimos al Gobierno que hiciera un plan nacional de infraestructuras sanitarias.

Planteamos en la cámara, por vez primera, la reproducción asistida de la maternidad subrogada, a la que se opuso el bipartidismo.

Marcados por la crisis, nos centramos como prioridad en combatir la pobreza y la exclusión social en todas sus formas y niveles. Trabajamos con UNICEF y Save the Children de la mano para solicitar un plan nacional al Gobierno contra la pobreza infantil, algo que irritó a Rajoy cuando lo sacó Rosa por primera vez en el debate sobre el estado de la nación con datos. Pronto se sumaría el resto de la oposición a la causa. Además, marcamos el camino de la elaboración de una estrategia estatal de prevención y erradicación del «sinhogarismo». Trajimos a la Cámara la prestación universal por hijo a cargo, una medida ya desarrollada prácticamente en el resto de Europa. Intentamos prohibir el cobro a los escolares por el uso del *tupper* en los comedores, pero el PP se opuso. Además, fuimos los primeros en traer la dación en pago a la Cámara.

Intentamos impulsar la cláusula democrática para terceros países en los tratados de la Unión Europea.

Defendimos las causas justas, perseguimos los casos de bebés robados en el Congreso de los Diputados, la lucha contra el terrorismo en general, y el de ETA en particular, cuando la mayoría de los partidos querían mirar a otro lado. Pedimos la ilegalización de Amaiur y Bildu, quisimos incluir los delitos de terrorismo en el ámbito de competencia de la Corte Penal Internacional para que fueran calificados de lesa humanidad e intentamos impedir que se derogase la denominada doctrina Parot.

Propusimos el debate con rigor de la despenalización del consumo del cannabis.

Ese trabajo quedará para los anales del Parlamento, en el diario de sesiones y en el registro del Boletín Oficial de las Cortes Generales (BOCG) hasta que algún o varios partidos de corte radical quieran retomar ese trabajo de buenas ideas, independientes y enfocadas al desarrollo de la sociedad.

Algunos logros conseguidos

Algunos de los principales logros fueron enfrentarnos radicalmente al nacionalismo e independentismo, superando el complejo de que ser español era ser facha o de derechas, argumentando que la unidad es signo de integración y de desarrollo en la diversidad, al igual que en la Unión Europea. Nuestro primer lema de campaña, *Lo que nos une*, fue otro concepto que sirvió de inspiración a más de uno.

Combatimos al nacionalismo porque es confrontación, no entiende de democracia, no cree en la igualdad de derechos y busca la diferenciación de la especie por encima de lo que nos une. Pensamos al igual que Mitterrand que «el nacionalismo es la guerra». Nos ganamos su repudio con todo tipo de adjetivos, como «jacobinos» o «centralistas», a la par que su respeto en el plano parlamentario.

Defendimos en sede política, además de en la Audiencia Nacional, la causa justa de los afectados preferentistas por la estafa de Bankia. Algo que nunca supimos rentabilizar y que no dio frutos electorales.

Conseguimos introducir en la reforma del código penal que los partidos políticos y sindicatos dejaran de ser impunes ante la corrupción en sus filas y pasaran a tener responsabilidad penal en casos de que la corrupción se diera en sus filas, algo que levantó ampollas en no pocos partidos. Por primera vez en la historia, tras la dimisión del presidente de la Corporación de RTVE, Leopoldo Echenique, realizamos un proceso de selección para la sucesión con un candidato independiente. Presentamos a un profesional independiente, Francisco Javier Montemayor, que recibió la unanimidad de la comisión de nombramientos en el Congreso, algo que no alcanzó José Antonio Sánchez, el candidato y posterior elegido, que salió por el respaldo de la mayoría absoluta del PP.

En coherencia con nuestro discurso, nos bajamos de los coches oficiales. El gesto sirvió de referencia para algunas otras formaciones y fue motivo de insulto para otras.

Renunciamos de manera expresa al reparto de vocales del Consejo General del Poder Judicial, siendo los únicos que no entramos en el reparto de la politización de la justicia. Desde que entramos en 2008 en el Congreso, abogamos por una reforma de la elección y composición del órgano del CGPJ para garantizar la independencia y la separación de poderes. A pesar de que el ministro del Interior, Gallardón, lo integró en su discurso en 2012 como una de las políticas claves de su Ministerio, no se hizo nada, y su partido votó en contra cuando sacamos a relucir el debate.

Fuimos culpables de la reforma del sistema de pensiones para parlamentarios, sencillamente por considerarlo un privilegio, con más de una mala cara en el hemiciclo.

Fuimos los promotores de la creación de un plan nacional de prevención del suicidio y apoyo a la salud mental, que sumó a todo el hemiciclo.

Trabajamos con la sociedad civil afectada para impulsar el reconocimiento y promoción de la figura del asistente personal para las personas con discapacidad, sin éxito, pero conseguimos que se aprobara la accesibilidad a los colegios electorales.

En materia de defensa, desmontamos el despilfarro de los programas especiales de armamento (PEA) hasta llevarlo con la oposición a los tribunales y sacamos a relucir el caso de acoso sexual en el ejército de la excomandante Zaida Cantera.

Se aprobó nuestra iniciativa para la creación de una ley marco sobre la protección de animales de compañía.

Y un largo etcétera que marcaron un trabajo reconocido en ocasiones por su productividad y por atinar y traer el debate que realmente preocupaba a los ciudadanos en un momento en que ningún otro partido se atrevía a sacarlo o, peor aún, intentaban ocultarlo.

El fracaso como fuente de aprendizaje

Después de vivir cómo se hundió el barco, de ver cómo lo abandonaba todo tipo de gente, cómo se mataban por el timón mientras otros tocaban la orquesta…, después de contemplar los escombros sobre el mar en relativa calma, puedo echar una mirada atrás y arrojar algo de luz sobre cómo nos cargamos al muerto.

Al reflexionar sobre cómo hemos llegado a este fracaso, observo que han sido una concatenación de factores endógenos y exógenos, aunque no todos tienen el mismo peso.

Me pregunto cuándo empezábamos a dejar de ser un partido fresco en contacto con la sociedad. Posiblemente, se gestó antes de las elecciones europeas, a pesar de que entonces se evidenció con resultados electorales que no estábamos creciendo al ritmo esperado. Puede que todo empezara mientras aprendíamos cómo funcionaban las instituciones para hacer el trabajo de oposición seria, desviando nuestros pocos recursos y perdiendo de alguna forma el pulso a la calle. Al principio, decidíamos cuándo y dónde íbamos a los programas televisivos y dejamos un espacio de comunicación libre a nuestros futuros oponentes para generar opinión que no nos podíamos permitir. Fue decisión propia no acudir a tertulias donde estaba el debate político. Sin duda, un factor negativo determinante en la pérdida de espacio electoral. **La televisión** sigue siendo el medio principal para llegar a los hogares de una gran mayoría de los españoles. Como dice Sartori: «La televisión condiciona fuertemente el proceso electoral, ya sea en la elección de los candidatos, bien en su modo de plantear la batalla electoral o en la forma de ayudar a vencer al vencedor»[58]. Nos equivocamos de estrategia subestimando el poder de la televisión. Tardamos en reaccionar en algo tan obvio. Para entonces, Pablo Iglesias se había consolidado, y Albert Ribera tenía el camino preestablecido con los apoyos necesarios.

Con los resultados electorales de las europeas, **no supimos entender que las reglas del juego estaban en continuo cambio**, el nuevo eje que se planteaba, como pudimos ver por los pocos estudios que teníamos, entre lo nuevo y lo viejo, sobrepasando al bipartidismo con su enroque de izquierda y derecha. Entonces, todavía se nos percibía en la parte nueva, pero en cuestión de meses pasamos a ser un partido viejo, siendo más joven que otro como Ciudadanos.

Además, no sería coincidencia que empezara un **cambio generacional** de personajes históricos en la política, con la abdicación del rey, Rubalcaba o Cayo Lara. En primera línea, solo quedaban Rosa Díez y Mariano Rajoy; entonces comenzó un desgaste por los ataques a Rosa.

La argumentación de estos ataques se basaba en las infructuosas negociaciones con Ciudadanos, difícil de explicar cuando uno de nuestros lemas principales desde que nacimos era: *Lo que nos une*. Además, se ponía de manifiesto que la nueva forma de gobernar estaba basada en alianzas y confluencia de partidos o plataformas.

Por nuestra parte, fuimos incapaces de defendernos ante el agresivo ataque externo a nuestra líder. Sufrimos el **desgaste del hiperlide-**

---

[58] SARTORI, Giovanni, *Homo videns: La sociedad teledirigida*, octava edición, editorial Taurus, 2008, Madrid, p. 70.

razgo de Rosa, que había sido la base de la existencia del proyecto, pero cuando fue atacada, quitándole el derecho a ser escuchada, ya fuera por factores internos o externos, debilitó a toda la estructura.

La estrategia de nuestro rival nos desmarcó de nuestra única oportunidad para poder demostrar que no éramos un partido enfadado y personalista. Según el CIS, éramos el partido que más rechazo generaba mientras la valoración de nuestra líder había caído en picado, pasando de la primera a las últimas posiciones en popularidad.

Debíamos mostrarnos afables, abiertos y con una proliferación de personas preparadas para gobernar. Los últimos meses los perdimos cometiendo los errores que sabíamos que no generarían un buen porvenir, sino más crispación externa y guerra interna. Mientras tanto, nuestros rivales sonreían, construían un nuevo discurso basado principalmente en el nuestro y nos ignoraban en la lucha cuerpo a cuerpo.

La **falta de proliferación de líderes** con peso mediático dentro de un partido pequeño hizo que fuéramos más vulnerables para posibilitar una continuación al proyecto. Se debían haber formado y promocionado más líderes de peso, especialmente jóvenes, rejuveneciendo el círculo interior[59]. El claro ejemplo es el fallo al hacer listas electorales como el de las europeas, en el que se debió compensar experiencia con formación de cuadros jóvenes del partido.

Los partidos, como cualquier empresa, deben reinventarse continuamente para evitar la rutina y no perder terreno con los competidores, tienen la obligación de ser atractivos para el electorado en un hábitat en que la competencia está siendo más alta. Como dice Ignatieff: «El medio natural de un político es el tiempo y debe adaptarse continuamente a sus cambios repentinos, inesperados y brutales». «Cuando llamamos a la política el arte de lo posible, nos referimos a lo que es posible aquí y ahora»[60]. No supimos adaptarnos al cambio, **perdimos la capacidad para hacer**

---

[59] DUVERGER, Maurice, *Los partidos políticos*. Fondo de Cultura Económica, primera reimpresión, Colombia, 1994, p. 197.

[60] IGNATIEFF, Michael, *Fuego y Cenizas. Éxito y fracaso en política,* editorial Taurus, cap. 3 pos. 501.

campañas electorales atractivas, pero eso solo era la forma; más grave fue interiorizar que no existía ninguna campaña que no fuera permanente. La campaña en política son todos los días y, como tal, hay que planificar el trabajo. Los ataques externos a Rosa comenzaron con la respuesta a la carta de Paco Sosa en agosto, y para cuando llegamos a las elecciones andaluzas de marzo del año siguiente, la marca del partido, percibida como personalista, estaba ya desacreditada y poco se podía hacer.

Tuvimos el problema de que **unos pocos teníamos demasiadas responsabilidades** y, por lo tanto, sobrecarga de trabajo. Alguna vez lo había comentado con Carlos, algunos llevábamos demasiadas cosas, demasiadas funciones que sencillamente no era posible compatibilizar. En mi caso, al mismo tiempo, llevé el gabinete de Rosa y el del Congreso, con todo lo que suponía la actividad parlamentaria de un grupo pequeño, coordinación con los principales gabinetes del partido, y asumí otras funciones como la comisión de enmiendas, coordinación de los grupos de trabajo de manera directa, procesos de selección de otros gabinetes, etc.

Además, dentro del equipo parlamentario, existían otras funciones que asumieron los técnicos, como el análisis de datos o, durante un tiempo, también el área de instituciones para coordinar a todos los cargos públicos, el CRM o la base de datos de iniciativas que serviría para el partido. La única solución en el mejor de los casos para que fluyese el trabajo era delegar, supervisar las tareas y priorizar funciones. Aun así, algunas requerían una dedicación exhaustiva que, con los recursos del partido era imposible. Cuando proliferaron los grupos de trabajo, era necesario que alguien estuviera con una dedicación plena para mantener un contacto continuo, para que fluyera la información, ampliarlos y escucharlos como se merecían, o para estudiar los perfiles profesionales en busca de posibles candidatos. Estas dificultades de sobrecarga las intentábamos solucionar cuando podíamos en medio del frenético trabajo a diario.

A esto había que sumar una **falta de planificación y de coordinación entre los departamentos existentes;** deberíamos haber fomentado una involucración entre los mismos. Rosa no era solo nuestro principal activo, sino el cerebro del que manaba el partido mientras todo aparentemente funcionaba bien, pero la realidad es que no nos reuníamos semanalmente para informar en qué estábamos cada uno. Había una carencia de planificación de las semanas siguientes, abrumados por la actividad, sin protocolos de funcionamiento que asignaran responsabilidades concretas y un engranaje entre los distintos departamentos del partido para trabajar en equipo.

Se evidenciaba, después del rodaje, la necesidad de dar un salto a un proyecto de empresa mayor con una estructura acorde a las necesidades, una **mayor profesionalización** en la toma de decisiones abiertas que articulase de manera eficiente la cadena de transmisión de mando, el mensaje, su difusión y, de alguna forma, se hiciera partícipe a la afiliación.

Un partido que aspiraba a ser opción de Gobierno como proclamamos en nuestro II Congreso, necesitaba imperiosamente **tener músculo de afiliación**, simpatizantes y activistas. Sin embargo, el crecimiento histórico de UPyD fue siempre limitado; no hubo una política de crecimiento sostenible. La única campaña que recuerdo, *No nos mires, únete*, no salió bien. Si no me equivoco, nunca superamos los ocho mil afiliados. La tardanza para tramitar la afiliación era inaudita, se estudiaba y controlaba todo tipo de solicitud con el fin de que no entrara cualquier persona. Con el tiempo, se confirmó que habíamos renunciado a ser un partido de masas y, por lo tanto, un partido de gobierno. Desde los orígenes se había criticado tener una cuota de afiliación alta, doscientos cuarenta euros al año, en comparación con los veinte que cobra el Partido Popular o los sesenta de Izquierda Unida o Partido Socialista. Aunque existía la cuota reducida para pensionistas o parados, para el resto eran veinte euros al mes, argumentando el compromiso con el proyecto y la independencia que podía otorgar la financiación privada.

Sin una amplia afiliación, no funcionó todo lo bien que debiera el **sistema de primarias sin avales**, revolucionario por ser único entre el resto de partidos. Un mayor censo de votantes generaría una mayor masa crítica, que daría mayor legitimación a los candidatos elegidos. Sin embargo, al no tener un músculo suficientemente grande, sufrimos el debilitamiento de la estructura cada vez que se enfrentaba la afiliación para encabezar listas o liderar los distintos órganos políticos, y el resto de la lista era confeccionada por los órganos directivos, generando clientelismo, como en el resto de partidos. Las palabras de Maquiavelo, aunque la idea era buena, estaban de vigente actualidad sobre nuestro sistema de primarias: «No hay cosa más difícil de tratar, ni de más incierto éxito, ni más peligrosa de manejar, que ser el responsable de las innovaciones políticas»[61].

Al mismo tiempo, se intentaban controlar las agrupaciones locales, condicionando así las primarias o la dirección de los mismos. Además, principalmente provocados por procesos internos o luchas de poder, tuvimos fuertes **crisis internas con dificultades especiales para integrar**.

Una crítica que se hizo era que existía un **férreo control de la estructura** por parte del «aparato». Fuera del entorno de la sede nacional y el Congreso, se vertían todo tipo de reproches. Además, había afiliados que buscaban aprovechar la posición que tenían para desahogarse, pedir amparo o criticar directamente a la dirección. Otros, lo hacían en público hasta convertirlo en noticia. A medida que se iban yendo críticos, hacían declaraciones de toda índole en contra de Rosa o del riguroso control que existía en el partido. La realidad era que a cualquiera que tuviera una mala palabra en contra de Rosa le regalaban un titular en los medios. Fue una constante desde los orígenes. Incluso supongo que es a lo que el mismo Fernando Savater se refirió con un artículo de opinión en el diario *El País,* «¿Y por qué no UPyD?»[62]. En el artículo, reseñaba las virtudes y razones para votar a la formación magenta mientras dejaba frases lapidarias como: «Más vocación de escuchar y menos obsesión por controlar».

Desconozco la realidad del que salía desencantado o rebotado con el proyecto pero ha sido una constante desde los orígenes. Viví de cerca el control de los estudiantes hasta forzar su desaparición.

---

61 MAQUIAVELO, Nicolás, *El Principe*, quinta edición, ediciones Temas de Hoy, 1997, Madrid, p. 33.

62 «¿Y por qué no UPyD?», Fernando Savater, *ElPais.com*, 6 de marzo de 2015, en http://elpais.com/elpais/2015/05/04/opinion/1430748495_514806.html.

Después, la experiencia me ha demostrado que el aparato es necesario para que funcione una estructura jerarquizada. Eso no significaba que no hubiera que tener una buena atención al afiliado, simpatizante, cargo público, etc.

Perdimos el contacto con la realidad, a pesar de que tuvimos y contratamos a profesionales externos que aportaban una visión exógena del panorama político. Intentamos introducir savia nueva en las tomas de decisiones. Al principio, trabajamos con agencias y algún que otro «experto» en comunicación política. Este tipo de funcionamiento no lo retomamos hasta principios de 2015, pero ayuda a salir de la burbuja en la que puedes estar sumido y a orientar por dónde van los continuos cambios del panorama político. Además, aportaban nuevas técnicas de funcionamiento en distintas áreas como comunicación, contacto directo con el ciudadano u organización interna.

Los factores externos, la pérdida de «amigos» y la falta de planificación para hacerlos. Falta de una agenda de contactos del *establishment*, tanto del IBEX 35 como medios de comunicación.

El concepto de respaldo sin involucrarse en los movimientos cívicos, quedándose al margen mientras eran politizados por otras fuerzas políticas como 15-M o las mareas verde y blanca. No fue un fallo, pero sí una **pérdida del espacio**. Nunca podría recomendar que hubiera topos dentro de las plataformas o en el mundo del asociacionismo, pero creo fundamental hacer un seguimiento, una participación en sus foros y en sus reivindicaciones en la medida que se compartan.

No teníamos un votante consolidado y, al no estar las raíces bien introducidas en la sociedad, éramos un partido débil ante cualquier ataque externo o interno, como quedó demostrado.

Otro factor determinante fue **la comunicación y el *marketing* político,** que por su dimensión requiere un capítulo aparte.

Por último, y lo más notable, la inexistencia y **falta de voluntad para gestionar la crisis** en el desarrollo de los egos y la lucha entre los mismos por el control del partido, por ambiciones personales, por inflexibilidad para no ceder en una batalla campal sin ninguna visión de integración o superación hasta hacernos el harakiri.

Del fracaso aprendería cómo actuar si volviera a dedicarme a la política, cómo afrontar los ataques de los enemigos, la importancia del equipo y tener una estrategia adecuada y revisable periódicamente.

La importancia de la comunicación y el *marketing* político

Otro factor determinante fue la comunicación y *marketing* político. Durante ocho años, tuvimos el mejor producto y no los supimos vender. En palabras de Albert Boadella en un mitin, éramos la vacuna que necesitaba España; la llamó la upeydina si no recuerdo mal.

Sin embargo, si el entorno, incluso los rivales, reconocían que eran muy buenas ideas y el mérito no nos lo estábamos llevando, teníamos que identificar y revisar lo que estaba fallando. Con el tiempo, quedaba en evidencia que no había una estrategia definida de *marketing* político, solo un departamento de comunicación enfocado principalmente a redes sociales. Gran parte de los aciertos y propuestas que teníamos solían salir y pasar por la cabeza de Rosa, pero no existía una línea estratégica continua que planteara cuáles eran los pasos a seguir.

La realidad es que éramos un partido con dificultad para llegar a todos los ciudadanos y, si lo hacíamos, nuestro discurso podía fácilmente llegar tergiversado. Tras muchas encuestas, analizamos que principalmente abarcábamos un perfil de votante urbanita, licenciado, con un nivel económico y cultural medio-alto, con las primeras necesidades familiares resueltas. Teníamos un discurso intelectual que se había convertido en elitista, aunque nuestro diagnóstico y propuestas para afrontar los problemas de España eran, según nuestro parecer, del mayor sentido común dentro del panorama nacional.

El discurso pedagógico enganchaba, pero había que consolidarlo con votos. Lo que no podía ser es que abriésemos camino en el discurso, con ideas revolucionarias, y el rédito se lo llevaran otros. Nos pasó muy a menudo, pero quizás el caso más flagrante fuera el de Ciudadanos, por ser su referente. Era llamativo el calco, desde los estatutos a cada una de las propuestas que presentábamos; no obstante, a muchos votantes les parecía originario de la formación naranja. En una entrevista a la que acompañé a Rosa con un chaval de bachiller sobre el mensaje en política, una vez dejada la portavocía del partido, recuerdo que hizo alusión a Nikola Tesla: «En realidad, no me preocupa que quieran robar mis ideas, me preocupa que ellos no las tengan»; sin embargo, en política lo importante no es lo que es, sino cómo se percibe.

Si queríamos renovar la forma de hacer política, teníamos que renovar nuestro formato de comunicación. Los partidos propagaban mejor que nosotros, invirtiendo abundantes recursos, porque lo consideraban un eje estratégico para ganar. Quizás, este fuera uno de los principales fallos que cometimos, que junto a otros tantos, evidenció que el *marketing* político no era una prioridad para nosotros.

Además, a nivel interno teníamos que superar vicios que arrastrábamos desde el origen como la separación departamental de prensa y comunicación dentro del partido. Teníamos que replantearnos nuestra forma de comunicar, la importancia de la imagen y la simplicidad a veces ridícula del mensaje. En este último caso, nos pasamos ocho años hablando del concepto de la transversalidad, intentando explicar la superación del eje derecha-izquierda; pocos lo entendían y enseguida buscaban calificarte. Como dice Sartori: «En la política de masas, el eje de la izquierda y derecha es como una brújula, nos orienta y nos ancla a algo»[63].

Perdimos visualización al tener nuestra sede escondida, cuando debería haber sido un escaparate. La novedad y el atractivo del proyecto invitaban a entrar en algo de lo que no podía presumir el bipartidismo mancillado por la corrupción.

Había un descontrol en redes sociales sobre cargos públicos y activistas. Se intentó con el tiempo crear directrices y controlar, pero el verso suelto predominaba en algunos cuadros notables del partido, que se dejaban llevar y entraban a todo tipo de discusión sin ser conscientes de que las redes sociales premian más por los fallos que cometes que por los éxitos que puedas acumular.

---

[63] SARTORI, Giovanni, *La democracia en 30 lecciones,* Taurus, Madrid, 2009, p. 98.

Dejamos nichos de comunicación sin copar, tanto en televisión como en redes sociales. Fue nuestra propia decisión no acudir donde realmente estaba el debate, como las tertulias televisivas. Otro espacio que no se ocupó fue Twitter, donde se cerró la cuenta oficial de Rosa durante años y se reabrió en 2016 para llevarla ella personalmente.

El futuro de los partidos

A medida que siga desarrollándose la democracia, se avecinará una crisis del modelo de partidos como órganos que canalizan el poder, pero son incapaces de democratizar sus funcionamientos internos. Ese funcionamiento les aleja de los ciudadanos, que buscan una regeneración en sus políticos, viciados por las oligarquías internas de los mismos partidos. El principal servicio de los cargos públicos con este sistema no es con los ciudadanos, es con los partidos: predomina la lealtad política a la cúpula sobre la lealtad a los ciudadanos. Aunque en teoría tengan que responder ante los votantes, en el fondo la capacidad de poner y quitar cargos públicos recae en la dirección del partido y, por lo tanto, priman los intereses de esos pocos, limitando la capacidad de los candidatos a escuchar y ceñirse a los intereses de los ciudadanos.

El vicio y la disfunción democrática se perciben semanalmente en el funcionamiento del Congreso, marcado por la disciplina de voto, en la que se sanciona a sus cargos públicos si no votan conforme a lo determinado por el partido. UPyD no tuvo disciplina de voto. La forma de determinarlo estaba basado en el debate del grupo parlamentario y, aun así, hubo días que cada cargo votó diferente.

No estoy hablando de que la solución pase por la desaparición de los mismos, ni mucho menos romper lo establecido, pero sí limitar su poder con leyes que garanticen una mayor participación ciudadana a la hora de elegir a sus representantes, limitando la capacidad de los partidos. Un ejemplo claro serían las listas abiertas y desbloqueadas, limitación de mandatos, primarias obligatorias, etc.

Las tres claves del éxito

Una noche invitamos a una pareja de amigos y de nuevo volvía a salir el caso de UPyD y de la eclosión de la nueva política en general en España. Este amigo, con vocación política, estaba frustrado por no poder ejercer la asesoría política con el conocimiento que tenía. Se encontraba trabajando para el PP, pero se topaba con la mediocridad que existe en los partidos políticos. Yo le trasladé mi experiencia, le expliqué cómo se perdía talento en un partido, así como la necesidad imperiosa de tener que estar dentro para cambiar la política. Le expliqué la fórmula que había llevado en la práctica para poder llegar a donde estuve, para crecer e influenciar.

1. **Buscar a la persona adecuada para aprender e influenciar.** En mi caso, coincidió que tanto para lo uno como para lo otro era la misma. Trabajar y ganarse su confianza. En mi caso, además del trabajo y esfuerzo diario, fue principalmente trabajar la verdad. Crear un vínculo profesional de máxima confianza. Para eso hay que evitar ocultar información y no mentir a tu jefe, aunque sea política y sea una práctica habitual.

Además, estando a su sombra, cabe la posibilidad de hacer política, de influenciar y de llevar a cabo las ideas que uno tiene: ya sea en el discurso, iniciativas parlamentarias, en la publicación de nóminas, ideas de campañas, etc.

Escuchar al menos el doble de lo que hablas. Este era el caso de las reuniones del grupo parlamentario, era un buen sitio para escuchar y aprender. Intentar mejorar y superarte continuamente.

La búsqueda de un buen jefe, del que tienes y quieres aprender. En mi caso, era una cuestión política, pero también profesional e incluso en los días finales, cuando anhelaba que acabara esta etapa de mi vida, seguía aprendiendo con ella.

2. **Desarrollar las virtudes de un liderazgo abierto** en la medida que puedas. En estos ocho años, había cometido errores y equivocaciones, pero al final tenía que trabajar las relaciones humanas al máximo y hay unas características básicas.

Humildad, autocrítica, prudencia y buen trato a la gente. Hacer partícipes a todos del proyecto y de la toma de decisiones. Conocer el entorno, entenderlo para ganar su confianza y poder condicionarlo. Control y gestión de egos.

He llegado a tener la convicción de que son tan estrechas y poderosas las relaciones personales en política que se anteponen a las ideas. Hasta tal punto que mucha gente se alineaba por afinidad personal y no por compartir posicionamientos políticos dentro de un mismo partido. Por no hablar de la facilidad de crear prejuicios o criterios solo por referencias de allegados.

3. **El equipo como motor de trabajo y fuente de conocimiento**.

Al principio, tuve una depresión leve por el hecho de ser joven y encontrarme un nivel francamente superior al que yo creía tener. Hasta que al cabo de unos meses me acepté tal y como era, suplí mis carencias de conocimiento con la creación de equipos profesionales, sacando el máximo de cada persona que los forman, con inteligencia colaborativa.

Entendí que debía rodearme de los mejores, delegar funciones, asumir responsabilidades y desarrollar la iniciativa grupal. Crear dinámicas integradoras con el objetivo de que todo el mundo se sintiera valorado dentro del proyecto. Poner en marcha técnicas de inteligencia colaborativa, como en nuestra campaña de *Zona libre de corruptos*. Siempre predominando el interés general sobre el personal.

A medida que crecía en la empresa, las funciones eran distintas; me terminé dedicando a la supervisión de los objetivos y al seguimiento del desarrollo de la actividad. Coordinar, pero delegando al máximo, asumiendo la responsabilidad final, aunque en error sea de un subordinado.

Un ejemplo de esos errores: una vez le eché la culpa de un error a alguien, y Rosa me hizo notar que no era lo correcto. Asumí continuamente los errores del equipo sabiendo que es natural y cotidiano, esforzándome para que no volviera a ocurrir mediante técnicas de trabajo, protocolos de funcionamiento, reparto de tareas y asunción de responsabilidades por cada uno de los miembros del equipo.

Ser el creador de tu propio destino

Tengo vocación por la política y como decía Weber: «En este mundo no se consigue nunca lo posible si no se intenta lo imposible una y otra vez». Ojalá fuera en UPyD, porque, si no, lo peor es que estaré políticamente huérfano.

Pero está claro que aquí terminó una etapa. Vivir «de» la política y «para» la política es un privilegio que la mayoría no nos podemos permitir; además, no creo que sea sano para tomar decisiones libres. Defiendo la profesionalización de la política, pero, tal y como está establecida en España, está enfocada para funcionarios o privilegiados que se lo puedan permitir porque tienen la vida resuelta. De lo contrario, tiende al clientelismo de partido.

Llegado a este punto de inflexión, el esfuerzo se recompensa con la tranquilidad de saber que he estado aportando mi granito de arena a una causa justa, a lo que consideraba mejor para la sociedad española, mientras me formaba con Rosa.

Convencido de que todo lo que he aprendido durante estos años servirá para volver un día a la política, para ponerlo en marcha, para seguir aportando a la sociedad.

Después de varios meses, me he sentido desorientado, tentado, pero tengo la suerte de saber lo que quiero hacer, y aunque haya fracasado en este proyecto, lo único que siento son más fuerzas para volver a intentarlo en un futuro. Si es necesario empezar de nuevo, lo haré en un proyecto abierto a la sociedad, que quiera realmente evolucionar los partidos políticos y regenerar las instituciones, otorgando con hechos el control de la política a los ciudadanos.

Hay que tirar hacia delante. No hay nada que perder ahora que no tengo nada desde el punto de vista laboral y político. Entiendo perfectamente cuando se dice que hay que tomar las decisiones como si fuera el último día, y que la prudencia en la política tiene sus límites superados por el cortejo a la fortuna de Maquiavelo.

De lo que estoy seguro es de que seguiré luchando por mejorar la democracia, porque es mi destino, porque es en lo que creo y, a pesar de aborrecer lo sucio que puede ser el entorno político, me apasiona luchar por un futuro mejor. Por eso, hay que levantarse de nuevo.

¡Larga vida a las ideas de UPyD!

Gracias a todos los que en algún momento y forma pertenecieron a la familia de UPyD y soñaron que otro país era posible: afiliados, simpatizantes, cargos públicos o votantes.

A mi familia, a Tala y a mi madre por su apoyo incondicional.

Al equipo, porque hicimos de nuestra diversidad un motor profesional con una voluntad y capacidad extraordinarias. En especial a Mayka, compañera del alma.

A Lucas, quien más me enseñó lo que es ser jefe. A Ramón, mano derecha en la sede. A Sergio, por todo, por su liderazgo en la sombra, pero sobre todo por ser como es. A Ricky, ejemplo de constancia y esfuerzo. A Gloria, detrás del jefe hay una secretaria que te hacía mejor. A Javi, a Tomás, Miguel, Andrés, Jorge, Albert y Juan (digo José), un lujo de equipo.

Al Parcero, Sonia, Otero, Alcobendas, Jesús, Franca, Pablo, por ser parte del equipo, por su dedicación y contribución. A Lorena Cózar por escucharme. A Andina, por su pesimismo, su critica y apoyo continuo. A Manu, por su pesimismo realista. A Melero y sus confesiones. A Prieto, compañero del metal. A Juan Calbarro, gran compañero y mejor persona. A Juande, aunque fuera tarde, un gran descubrimiento.

A Bea Risco, Karla, Albas, Álvaro, BB y resto de compañeros de la sede. A Cuena, Rubén y Adrián, por su amistad. A Rafa Calduch, Luis Velasco, David Ortega, de los que aprendí.

A Cristina Chamorro, Carlos Rey, Sopeña, Miguel Ángel, León, Carlos Fernández, Alfredo, Ignacio, Ana Isabel, José Luis, Joaquín, Benito, Óscar, San Sarachaga, Pablo Anca, Felipe, Emilio, Raúl, Gabriel y otros muchos por su compañerismo y su asesoramiento, porque sin ellos no se podía haber hecho esa tarea brillante en el Parlamento.

A Lorena, Ainhoa, Cercas, Hoyos, Alberto Fuertes y todos los miembros de los gabinetes por su trabajo y disposición. Enrique Normand, Samuel, Cris Muñoz, Walter, Luciana, Pilar López, Tejedor, Josemari y Ballesteros con los orígenes. José Manuel Angulo, Quique, Pilar, Chema, Caruana, Aranzazu, Agustín y miles de compañeros desconocidos, que eran la base real del proyecto. A Bernie, Gustavo, Nemesio, Amparo, Alicia, Álvaro y Julen, por ser tan listos. A Álvaro, Toni e Irene, porque hubo un tiempo que hicimos un gran equipo.

A Carlos, Juan Luis y Fernando Cózar, por ser *alma mater* de este gran sueño llamado UPyD.

A Rosa, madre política.

Este libro se terminó de imprimir
durante el mes de mayo de 2016

Printed in Germany
by Amazon Distribution
GmbH, Leipzig